KB147057

세 계 사 의
흐　름　을
잡 아 주 는
가볍게 읽는
세　계　사

북즐 지식백과 시리즈 5

세 계 사 의
흐 름 을
잡 아 주 는
가볍게 읽는
세 계 사

김우태 지음

북즐 지식백과 시리즈 5

세계사의 흐름을 잡아주는

가볍게 읽는 세계사

펴 낸 날   초판 1쇄 2022년 10월 25일

지 은 이   김우태
펴 낸 곳   투데이북스
펴 낸 이   이시우
교정·교열   김지연
편집 디자인   박정호
출판등록   2011년 3월 17일 제307-2013-64 호
주   소   서울특별시 성북구 아리랑로 19길 86, 상가동 104호
대표전화   070-7136-5700 팩스 02) 6937-1860
홈페이지   http://www.todaybooks.co.kr
도서목록   https://todaybooks.wixsite.com/todaybooks
페이스북   http://www.facebook.com/todaybooks
전자우편   ec114@hanmail.net

ISBN 979-11-978920-2-8 03900

북줄
지식백과
시리즈
05

세계사의 흐름을 잡아주는
가볍게 읽는 세계사

김우태 지음

투데이북스
TodayBooks

스페인 태생 미국 철학자인 조지 산타야나는 이렇게 말했습니다.

"과거를 기억하지 못하는 이들은 그 과거를 반복하기 마련이다."

우리가 역사를 배우는 이유이기도 합니다. 과거를 통해 현재를 점검하고 더 나은 미래로 향하기 위해서입니다.

고대 로마의 정치가이자 철학자인 키케로도 이와 같은 말을 남겼습니다.

"당신이 태어나기 전에 일어난 일에 무지하다는 것은 언제까지나 어린아이로 남겠다는 것과 같다."

역사를 통해 우리는 성장해야 합니다. 그것이 우리가 역사를 공부하는 이유라고 생각합니다. 인류가 나오고 지금까지 역사는 이어져 내려오고 있습니다. 이 역사의 큰 흐름을 익히는 것이 이 책의 목적입니다. 될 수 있으면 복잡하지 않도록 쉽게 쓰고자 했습니다.

구성은 1부와 2부로 나뉩니다.

1부에서는 우주의 시작과 인류가 언제 시작되었는지 살펴볼 것입니다. 문명의 발생과 4대 문명에 대해서 알아보고, 로마 제국, 중세, 근세, 근현대를 살펴보겠습니다. 2부에서는 주요 국가의 역사에 대해 짧게 살펴보도록 하겠습니다.

이 책은 세계사의 흐름을 잡는 데 초점을 맞췄습니다. 이 책을 통해 우주의 시작부터 현재까지 인류의 역사가 어떻게 흘러왔는지 쉽게 이해하실 수 있을 것입니다. 감사합니다.

저자 김우태

2022년 9월

목차

2부
주요 국가 역사

1부

우리가 사는
세상의 역사

1

인류의 기원
- 인류는 언제부터 시작되었을까?

인류가 출현하고 나서, 문자(文字)가 없던 시대를 **선사 시대**(=원시 시대)라고 부르고, 문자(文字)가 만들어져서 역사를 기록할 때부터는 **역사 시대**라고 부릅니다.

그렇다면, 인류는 언제 지구상에 출현했을까요? 참, 지구는 생긴 지 얼마나 되었을까요? 아니 먼저, 우주는 언제 생겼을까요? 우주는 140억 년 전에 빅뱅(대폭발)에 의해 만들어졌습니다. 그리고 시간이 한참 흘러 태양과 지구가 만들어졌고요. 지구의 나이는 약 45~50억 년입니다(쉽게 50억 년이라고 치죠). 그런데 이 지구는 영원토록 존재할 수 없습니다. 뭐 존재 자체는 한다고 해도 지구상의 생물들은 하나도 남지 않을 겁니다. 왜냐면, 태양이 죽으면, 지구의 생명체는 자동으로 소멸하기 때문이죠. 우리가 세포의 미토콘드리아에서 만들어내는 에너지(ATP)의 근원은 모두 태양에서 나오는 빛에너지입니다. 태양이 차갑게 식으면 우리도 죽게 됩니다.

그렇다면, 태양은 얼마나 더 버틸 수 있을까요? 태양은 항성입니다. 천문학에서는 항성만 별이라고 부릅니다. 우리 은하계에는 약 3000억 개의 별이 존재합니다. 그중 하나가 태양입니다. 지구는 행성입니다. 행성은 별(항성) 주위를 돕니다. 행성은 별 보다 더 많습니다. 태양은 앞으로 얼마나 더 불을 지필 수 있을까요? 약 50억 년 남았습니다. 50억 년 후에는 차갑게 식게 됩니다. 태양이 식으면 지구는 형체는 있겠지만 모든 생명체는 다 없어지겠죠. 즉, 지구는 100억 년을 사는 거고, 지금은 그 중간인 50억 년에 이르렀으며, 앞으로 살 날은 50억 년 남았다는 뜻이 됩니다. 그 중간에 우리가 살아가고 있는 것이죠. 50억 년이라고 하니까, 왠지 유한한 느낌이 들면서 언젠가는 지구상에 없어질 생명을 생각하면 암울하지만, 50억 년이란 시간은 사실 무한의 시간에 가깝습니다. 왜냐면 인간이 출현한 시간과 비교하면 엄청나게 매우 긴 시간이기 때문이죠.

다시 본론으로 들어가서, 그렇다면 우리 인류는 지구상에 출현한 지 얼마나 되었을까요?

'400만 년 전'에 출현했습니다. 감이 안 옵니다. 400만 년 전이란 시간은 얼마나 긴 시간일까요? 이는 우리나라 5000년의 역사가 무려 800번 되풀이되는 시간과 같습니다. 800번. 무려 800번. 고조선부터 고구려, 백제, 신라, 조선이 800번 생겼다가 800번 없어지는 시간이 400만 년입니다.

인류는 지구에 생명이 생기고 매우 늦은 시간에 지구의 나이가 중반(약 45억~50억 년)에 이르렀을 때 비로소 생긴 종입니다. 지구가 약 50억 살 되었을 때야 비로소 생겨난 종이라고요. 가장 최근에 생긴 종입니다. 그렇습니다. 인류는 400만 년 전에 지구상에 첫 출현을 하였습니다. 이름하여, 오스트랄로, 피테쿠스.

■ 400만 년 전

오스트랄로피테쿠스는 인류의 조상입니다. 하지만 생김새는 거의 원숭이에 가까웠어요. 그런데 왜 인간으로 보는 걸까요? 답은 두 발로 걸었기 때문입니다. 다시, 인류의 조상으로 보는 이유는 두 발로 걸었기 때문입니다. 뭐라고요? 두 발! 이 두 발이 정말 중요한 겁니다. 세 발도 아니고 두 발입니다. 두발 자유화가 아닙니다. 발 두 개로 걸어서 인류의 조상으로 보는 것이죠. 두 손도 아닙니다! 이 발 두 개가 왜 중요할까요? 발 두 개로 걸으니까 손이 자유롭게 됩니다. 그러니 손을 쓰게 되고, 도구를 쓰게 되고, 머리가 좋아지게 됩니다. 그래서 두 발로 걷는 것이 중요한 것이에요. '5스트랄로피테쿠스'라고 해서 '다섯 발'로 걸은 게 아닙니다. 다시 말할게요. 두 발입니다. 두 발.

오스트랄로피테쿠스는 '남방의 원숭이'라는 뜻을 갖고 있습니다. 그들은 따뜻한 아프리카 남쪽에 살았습니다. 400만 년 전 지구는 빙하기였어요. 유럽, 아시아, 북아메리카 등지는 모두 얼음으로 덮여 있었습니다. 아프리카는 따뜻하였고, 그래서 인류의 기원은 아프리카에서부터 시작되었습니다. 바로 오스트랄로피테쿠스로부터. 언제 시작이라고요? 빙하기부터 시작!

■ 50만 년 전

그 후로 빙하기는 몇 차례 더 발생합니다. 그리고 50만 년 전에 또 다른 인류 좀 더 개량된, 발전된 인류가 나옵니다. 이름하여, 호모 에렉투스. 에렉투스는 '직립으로 서다'라는 뜻이 있습니다. 즉, 오스트랄로피테쿠스들은 두 발로 서긴 서는데 **꾸부정하게 섰습니다.** 침팬지, 고릴라 같이요. 근데 이 호모 에렉투스들은 '곧게' 섰다는 겁니다. 400만 년 전에서 100만 년이 흐르고, 또 100만 년이 흐르고, 또 100만 년이 흐르고, 또 50만 년이 흐르니까 꾸부정하게 걷던 것에서 똑바로 섰다는 것이에요. 지금 인류도 수백 만년이 흐르면 팔이 4개가 될지도 모릅니다. 스마트폰 볼 때 쓰는 전용 팔 말이죠.

참고로, 빙하기는 왜 올까요?

지구가 추워지는 거예요. 여러 가지 설이 있는데 확실한 건 없습니다. 지축이 움직여서 그렇다는 설. 공전의 동선이 조금씩 변하면서 태양과의 거리가 멀어져서 그렇다는 설 등등 많습니다. 하여간 빙하기가 여러 차례 왔다는 점을 미루어 볼 때, 언젠가 또다시 빙하기는 온다는 것을 예상할 수 있겠죠?

호모 에렉투스들은 오스트랄로피테쿠스들이 못하는 것을 하게 됩니다. '똑바로 서'는 거에다가 '불'을 사용하고, 간단한 '언어'를 사용했습니다. 불? 불을 사용하면 좋은 점은 무엇일까요? 추위를 이길 수 있다는 점. 밤에도 일할 수 있다는 점. 고기도 익혀 먹을 수 있다는 점. 타 동물과 싸울 때도 유리하다는 점. 여러 가지 이점이 생겼다는 점. 뭔가 더 사람다워졌다는 점이 달라진 것입니다.

■ 20만 년 전

그리고 시간이 조금 더 흘러 20만 년 전이 되자 좀 더 똑똑한 인류가 나오게 됩니다. 호모 사피엔스. 호모 사피엔스는 '슬기로운 사람'이라는 뜻입니다. 이 녀석들은 현재 우리와 비슷하게 생겼습니다. 호모 에렉투스들은 턱이 좀 튀어나왔는데, 호모 사피엔스들은 머리도 더 커지고, **턱도 좀 더 인간다워집니다.** 참고로 '네안데르탈인'이라고 있습니다. 이들은 20만 년 전부터 3만 년 전까지 유럽 대륙에서 살았습니다. 이들은 호모 사피엔스가 아닙니다. 이들은 호모 사피엔스와의 싸움에서 져서 멸종합니다. 그러나 그들의 유전자를 호모 사피엔스에 남겨주었죠. 즉, 서로

성교가 가능했던 것입니다. 지금 아시아인, 유럽인들의 피 속에는 네안데르탈인의 유전자가 약 4% 포함되어 있습니다. 혹시 자신의 몸에서 이들의 특징이 있는지 찾아볼까요? 이들의 특징은 머리카락이 붉었고, 몸통이 굵고 팔, 다리가 짧았습니다. 추위에 특화된 체형이었습니다.

■ 5만 년 전

그리고 다시 시간이 조금 더 흘러 5만 년 전이 되자, 호모 사피엔스 사피엔스가 출현합니다. 사피엔스가 두 개 붙었으니까, '슬기롭고 슬기로운 사람들'이라는 뜻이 되겠죠? 이들부터는 아프리카를 벗어나서 아메리카로, 다른 곳으로 퍼져나가기 시작합니다. 그러면서 서로 다른 환경에 적응해가면서 황인종, 흑인종, 백인종이 생겨나기 시작하죠.

그래서 오스트랄로피테쿠스를 인류의 조상으로 보지만, **가장 '직접적인 조상'으로 보는 것은 5만 년 전 사람들인 '호모 사피엔스 사피엔스'입니다.** 근데 크로마뇽인은 왜 말 안 하냐고요? 크로마뇽인은 호모 사피엔스 사피엔스에 속합니다. 뭐 상동인, 그리말디인 같은 종도 모두 호모 사피엔스 사피엔스입니다. '현 인류'도 호모 사피엔스 사피엔스에 속합니다. 크로마뇽의 유전자도 '현 인류'에게 흡수되었습니다. 즉, 여러 종의 인간이 살았는데, 결국 다 멸족하고 '현 인류(현생인류)'만 살아남은 거예요.

지금으로부터 1만 년 전쯤 빙하기가 끝나고 다시 따뜻해졌습니다. 똑똑한 우리의 조상 호모 사피엔스 사피엔스들은 그로부터 3000년이 지나서 (지금으로부터 7천 년 전) 농사를 짓기 시작합니다. 떠돌아다닐 필요도 없어졌고, 곡식을 저장할 수도 있었으며, 농사 잘 짓는 사람들은 더 많이 저장할 수 있었고, 각각의 집단마다 사람마다 빈부의 격차가 나기 시작합니다. 이즈음이 신석기 시대입니다. 농경을 시작했고, 간석기(돌을 갈아서 간석기)를 사용했습니다.

그 후로 청동(구리+주석) 합금을 이용하기 시작했고(청동기 시대), 청동보다 더 센 철을 사용하기(철기 시대) 시작합니다. 인류가 최초로 철을 사용한 것은 기원전 4천 년 이집트라고 합니다. 기원전 4천 년이니까 지금으로부터 6000년 전의 일이에요. 한반도에서의 청동기 시대(BC10세기), 철기 시대(BC4세기)는 이보다 훨씬

후의 일입니다.

그러니까 정리해 볼게요. 인류는 오랫동안 떠돌면서 사냥하고 돌을 쪼개서(뗸석기) 사용했습니다. 인류 역사의 대부분 기간이 이 구석기 시대에 속합니다. 그리고 여러 차례 빙하기를 거쳐 1만 년 전부터 다시 슬슬 날씨가 풀리면서 7천 년 전부터 농사를 시작합니다. 1만 년과 7천 년을 굳이 구분 짓지 않아도 좋습니다. 지구의 역사로 볼 때, 아니 인류의 역사로 볼 때도 굉장히 미약한 차이이고, 정확하다는 보장도 없기 때문이죠. 다시 쉽게 말해 1만 년 전부터 신석기 시대(돌을 갈아서 사용, 농경의 시작)가 도래한 것으로 이해하세요. 그러다가 청동을 알게 되었고, 철도 알게 됩니다. 드디어 발전 속도가 빨라지면서 문명의 시대로 향해가고 있는 것입니다. 발전 속도는 그 후로 점점 빨라져서 2차 함수 곡선을 그리게 됩니다.

인류의 기원에 대해서는 누가 물으면 적어도 400만 년 전이라는 얘기부터는 나와야 합니다. 근데, 사실 이 400만 년 이전도 정확한 것은 아니에요. 여러 자료를 살펴보면 다 다릅니다. 700만 년 전이라는 말도 있고, 300만 년 전이라는 설도 있습니다. 다 제

각기입니다. 여기서는 400만 년으로 하려고 합니다. 호모 에렉투스가 나온 시점도 170만 년 전이라는 설도 있고, 50만 년 전이라는 설도 있습니다. 유구한 지구의 역사에서 이 시간은 티끌만도 못하기에 큰 의미가 없습니다. 흐름을 느끼며 읽어보세요.

그런데, 갑자기 드는 궁금증. 인류와 공룡은 겹쳤을까요? 영화 『티라노의 발톱』을 보면 인간하고 공룡하고 같이 살지 않던가요? 정말 맞는 이야긴가요? 아니라고 알고 있는데요? 도대체 어떤 건지 그냥 넘어가기는 뭔가 찜찜합니다.

지구의 50억 년 전에 탄생했습니다(이것도 정확한 연도가 아니다. 45억 년 전쯤).

이 유구한 시대를 구분 지어 보면,

선캄브리아 시대: ~5억 7천만 년 전
고생대: ~2억 4천5백만 년 전
중생대: ~6천5백만 년 전
신생대: ~1만 년 전

선캄브리아 시대: 생물이 모두 바다에 삽니다. 단세포 혹은 하등 동물들이 사는 시대입니다.

고생대: 삼엽충. 양치식물, 어류의 시조. 양서류

중생대: 이게 중요합니다. 트리아스기/ 쥐라기/ 백악기로 구분됩니다. 공룡이 나옵니다. 중생대 말기엔 공룡이 원인 모르게 멸종합니다. 그러니 공룡이 멸종한 것이 6천5백만 년 전의 일입니다. 6500만 년 전. 인류의 시작이 언제라고 했죠? 400만 년 전. 공룡이 사라지고 어마어마한 시간이 흐른 뒤에야 오스트랄로피테쿠스가 나온 것임을 알 수 있습니다.

신생대: 현 인류가 출현하게 됩니다.

공룡이 한 번에 없어진 이유로

1) 외계인이 쳐들어왔다.

2) 화산이 폭발해서 먼지가 오랫동안 지구를 둘러싸서 햇빛을 못 보게 되니 멸종했다.

3) 운석이 지구와 충돌해서 똑같이 먼지가 오랫동안 지구를 둘러싸서 멸종했다는 설 등등이 많습니다.

확실한 건 화산이든, 운석이든 뭐든 간에 먼지가 오랫동안 지구를 둘러싸게 되어 공룡이 멸종된 것으로 보입니다.

문명의 발생
- 4대 문명의 시작

7000년 전부터 농사를 짓기 시작했고, 다시 말해 BC5000년부터 농사를 짓기 시작했고, 부를 축적할 수 있었고, 그로 인해 많이 가진 자는 권력을 갖기 시작했고, 계급도 분화되었습니다. 먹고살 만해지면 어떤 일이 벌어질까요? 소위 등 따시고 배 따시면 우린 뭘 하게 될까요? 인간답게 살려고 합니다. 그래서 문명이 발생하게 됩니다. 농사를 짓기 시작하고 BC3500년에 가장 먼저 문명이 발생한 곳이 있었으니, 그곳이 바로 메소포타미아 지역이었습니다. 그 뒤를 이어 이집트, 인더스 문명, 황허 문명이 생기게 됩니다. 이를 세계 4대 고대 문명이라 부릅니다.

근데 꼭 이 네 곳만 문명이 생긴 것은 아니었습니다. 규모가 크고, 조금 빨라서 세계 4대 문명이라고 이름 붙여준 것뿐이지, 세계 다른 여러 곳에서도 문명은 발생하고 있었습니다. 우리는 먼저 메소포타미아 문명부터 살펴보려고 합니다.

메소포타미아 지역은 어디인가?

메소포타미아의 뜻은 '두 강 사이의 땅'입니다. 두 강은 어디일까요? 이라크 아시죠? 이라크를 북서에서 남동으로 가로지르고 있는 왼쪽의 유프라테스강과 오른쪽의 티그리스강을 말합니다. 이 두 강 사이를 메소포타미아라고 부릅니다. 이 두 강이 만들어 낸 모양이 마치 초승달 모양과 흡사하여 '비옥한 초승달 지역'이라고도 불립니다. 아니 근데 이라크는 사막이 아닌가요? 이집트도 사막이고. 근데 무슨 문명이 사막에서 시작될 수 있단 말인가라는 의문이 생기지 않나요? 오늘날의 이 두 지역은 사막이지만, 5500년 전의 그 땅은 기름진 옥토였습니다. 강이 흐르고, 기후가 온난하여 사람 살기 좋고, 즉 농사짓기에 매우 좋은 날씨였습니다. 이렇게 본다면, 슬프게도 5000년이 지나면 우리나라도 사막이 될 수도 있습니다.

BC3500년경

먼저 메소포타미아에서 두각을 나타낸 사람들은 '수메르인'들이었습니다. 그들은 BC3500년경 도시국가(에리두)를 건설했어요. 수메르 하면 유명한 것이 있는데, '쐐기 문자' 그리고 그들은 '수로'를 잘 이용했다는 점입니다. (수메르, 쐐기 문자, 수로, 모두 'ㅅ'으로 시작되죠.)

BC2300년경

다른 여러 곳에 도시국가들이 생겨나고 서로 치고받고 하다가 BC2300년경 아카드인(셈족) 사르곤 왕조에 정복당합니다. 하지만 아카드도 일찍 무너지고 서로 먹고 먹히는 관계가 계속 진행되었습니다. 단군이 고조선을 세운 때와 비슷한 시기입니다 (BC2333년).

▲ 함무라비 왕의 돌비석

BC1800년경

　메소포타미아에는 많은 도시국가가 있었는데, 이중 강력하게 떠오르는 도시 왕국이 바빌로니아였습니다. 특히 6대 왕 함무라비 때는 전성기였어요. 바빌론이 수도라 메소포타미아 남쪽 지역을 거의 점령하고 왕국 이름을 바빌로니아라고 불렀습니다. 함무라비? 어디서 들어보지 않았나요? 함무라비 법전을 지은 사람이 바로 그 사람입니다. 그렇지만 그렇게 잘나가던 바빌로니아도 BC1600년경(BC1590년) 히타이트족에게 멸망합니다.

히타이트

히타이트는 BC3000년경 소아시아(지금의 터키*)에서 살아온 민족입니다. 이들은 세력을 키워 BC1600년경에는 바빌로니아까지 점령하게 됩니다. 이들이 그렇게 강성했던 이유는 철기를 사용했기 때문이에요. 이들로 하여 인류를 철기 시대로 편입시켰습니다. 청동기를 사용하는 이집트 람세스 2세와의 전쟁에서도 승리하기도 했어요. 그렇지만 BC1200년경부터 이민족의 침입으로 약해지다가 BC700년경(BC717년) 아시리아에게 멸망하게 됩니다.

아시리아

아시리아는 메소포타미아 지역의 북쪽을 통일한 세력입니다. 메소포타미아 남쪽은 바빌로니아가 통일했고, 북쪽은 아시리아

---

* 터키: 2022년 6월 국가명을 '튀르키예'로 변경하였습니다.

▲ 바빌론 사제의 동상

입니다. 아시리아는 아수르의 이름을 따서 만든 나라 이름입니

다. 즉, 바빌로니아는 도시국가 바빌론으로부터 강해져서 주변을

흡수하고 바빌로니아라고 이름을 진 것이고, 아시리아는 도시국

가 아수르로부터 강해져서 주변을 흡수하고 아시리아라고 이름

을 진 것입니다. 아시리아는 바빌로니아에게 정복당하기도 했지

만, 반란으로 그들은 내치고 니네베를 수도로 삼아 유다 왕국,

시리아, 페니키아, 이집트까지 정복해서 거대한 아시리아 제국을 건설하기도 했습니다. 이때 히타이트도 멸망시킵니다. 그러나 너무 가혹하게 식민지를 다루어 반란이 일어나, 신바빌로니아 왕국과 메디아 왕국의 연합 공격으로 BC600년경 멸망하게 됩니다.

신바빌로니아(칼데아 제국 BC625년~BC539년)

신바빌로니아는 나보폴라사르 왕이 바빌로니아를 계승한다고 선언하여 아시리아를 멸망시키고 신바빌로니아 시대를 엽니다. 그의 아들 네부카드네자르 2세는 유다 왕국을 공격하여 유대인들을 바빌론으로 끌고 옵니다. 그게 그 유명한, 성경에도 나오는 '바빌론 유수'죠. 이때부터 유대인들은 이스라엘이 1948년이 생길 때까지 떠돌며 살아갑니다. BC500년경(BC539년) 신바빌로니아는 페르시아에 멸망됩니다.

메디아 왕국

메디아 왕국은 지금의 이란 땅에 있던 왕국입니다. 이란인들이 세운 최초의 왕국이죠. BC550년에 페르시아에 의해 멸망합니다.

페르시아

페르시아는 페르시아인으로서 아리아인이라고도 불립니다. 아리아인은 현재 이란인의 조상이에요. 신바빌로니아와 메디아를 정복하고 메소포타미아 지역의 패자가 됩니다. **그렇지만 페르시아는 좀 다릅니다. 인자합니다.** 끌려온 유대인들을 고향으로 돌려보내고, 점령지역 식민지의 전통을 존중하였습니다. 이집트까지 정복하여 일대 대제국을 건설합니다. BC330년경 마케도니아의 알렉산드로스 대왕에 의해 멸망합니다. 이것으로 일단 메소포타미아 문명에 대해 일단락 짓겠습니다.

여기까지 복잡하죠? 어렵습니다. 갑자기 재미가 뚝 떨어집니다. 죄송합니다. 우리가 거기에 살지도 않고, 어디가 어딘지도 모르는데, 당연히 어려운 겁니다. 그래서 대충 흐름만 파악하고 가면 됩니다. 그래서 다시금 짧게 요약해 볼게요.

BC3500년경부터 메소포타미아에 문명이 생겨나기 시작했습니다. 수메르인이 최초로 이 지역에서 문명을 일으켰으며, 어쩌고 저쩌고하다가, BC539년에 이란의 조상 페르시아가 접수합니다. 근데 페르시아는 BC330년경에 마케도니아가 낳은 불세출의 영웅 알렉산드로스 대왕에 의해 망하게 됩니다. 다 기억할 필요는 없습니다. 다 몰라도 됩니다. 저도 다 기억하지 못합니다. 다만, 수메르부터 시작되어 최후에 페르시아가 이 지역을 다스리게 된다는 사실과 그 페르시아를 마케도니아의 알렉산더 3세가 멸망시킨다는 것만 기억하고 가면 됩니다.

▲ 알렉산드로스 대왕 동상

이집트 문명

다음은 이집트 문명입니다. 이집트는 지금의 이집트 땅입니다. 나일강을 끼고 있는 지역으로 남에서 북쪽의 지중해로 강이 흐릅니다. 이집트는 30개의 왕조로 이어져 내려왔어요.

10개 왕조: 40명의 왕(파라오)	
7개 왕조: 30명의 왕(파라오)	
13개 왕조: 80명의 왕(파라오)	

이렇게 총 30개의 왕조로 이어지다가 페르시아의 속국이 됩니다. 31번째 왕조부터는 페르시아 출신이 왕(파라오)이 됩니다. 그러다가 BC332년 마케도니아의 알렉산드로스에 의해 접수됩니다. (알렉산더 3세=알렉산드로스)

메소포타미아 지역도 그렇고, 이집트 지역도 알렉산드로스 때문에 아주 편하게 정리할 수 있어요.

BC330년경 알렉산드로스가 이 지역 일대를 모두 점령해버린 것이지요.

그런데 잠깐! '알렉산드로스(알렉산더 대왕, BC356년~BC323년)'의 왕자 시절 7년간 개인 교사였던 사람이 있습니다. 유명한 철학자 '아리스토텔레스(BC384년~BC322년)'예요. 아리스토텔레스의 아버지는 마케도니아 왕국의 필리포스 2세 국왕의 주치의였습니다. 필리포스 2세는 누구일까요? 알렉산드로스의 아버지입니다. 그런데 이렇게 강했던 알렉산드로스 대왕은 인도 원정에서 말라리아에 걸려 바빌론에서 죽습니다. 그리고 시체의 부패를 막기 위해 꿀에 담겨 본토에 보내집니다. 아주 이른 나이에 죽습니다. 그에 대해서는 뒤에 또 나오니까 일단 여기까지만 보겠습니다.

이집트 문명은 지금까지도 꽤 유명한 문화유산들을 남겼습니다. 파피루스, 피라미드, 미라, 태양력, 로제타 스톤, 스핑크스 등등. 이것으로 이집트를 일단락 짓고 인더스 문명으로 넘어가겠습니다.

인더스 문명

인더스 문명은 어디일까요?

지금의 파키스탄 인더스강 유역에서 인더스 문명이 발생했어요. 인더스 문명을 발생시킨 이들은 그 지역 토착민인 드라비다족이었습니다. 하라파 유적, 모헨조다로 유적지의 모습으로 상당한 문명을 이룩했던 것으로 보입니다. 그러나 많은 자료가 없어다른 문명에 대비해서 많이 알려지지 않았어요.

드라비다족이 살고 있는데, BC1500년경 이란의 조상 아리아인들이 쳐들어옵니다. 자연 기후와 지진, 그리고 그들의 침입으로 인더스 문명은 사라지게 되죠. 아리아인들은 자연신을 숭배하여 브라만교를 창시합니다. 또한, 원주민들을 굴복시키기 위해 신분제도를 만들었고 그것이 후에 카스트 제도가 됩니다. 브라만교 아래 카스트 제도는 번성하게 됩니다.

카스트 제도
1) 브라만 계급: 제사 의식 담당, 제일 높은 계급
2) 크샤트리아 계급: 왕족, 귀족
3) 바이샤 계급: 평민
4) 수드라 계급: 노예

아리아인들이 브라만, 크샤트리아, 바이샤를 차지했고, 점령당한 드라비다족은 수드라 계급에 자연히 속하게 됩니다. 근데 '불가촉천민'이라고 수드라 계급보다 더 낮은 계급이 있습니다. 이들은 카스트 제도에도 포함되지 않는 집단입니다.

BC500년경에 고타마 싯타르타는 브라만교가 썩자 불교를 창시했습니다. 고타마 싯타르타는 인도의 카필라 왕국의 왕자였어요. 즉, 크샤트리아 계급에 속한 사람이었죠. 카필라 왕국은 지금의 네팔입니다. 그는 사캬족 출신으로 사캬족의 말로 '깨달은 사람'의 뜻인 '사캬무니'로 불렸고, 한자로 표기해서 '석가모니'가 된 것입니다.

그런데, 4대 성인 중에 누가 제일 빨랐을까요?

석가모니: BC563?~BC483?, 본명: 고타마 싯다르타, 인도, 81세
공자: BC551~BC479, 본명: 공구, 중국 노나라, 73세
소크라테스: BC469?~BC39, 그리스, 71세
예수: 0~31?, 팔레스타인 갈릴리, 32세

석가모니가 제일 빨리 태어났습니다. 다음은 공자, 소크라테스, 예수 순입니다. 나라로 보면 인도가 가장 빨리 성인을 배출한 나라라고도 볼 수 있어요. 각각 나이 차이를 살펴보면, 석가가 공자보다 12살 형이고, 공자는 소크라테스보다 82살이 더 많습니다. 즉, 소크라테스는 공자와 석가의 증손자 뻘인 거죠. 예수는 한참 후대 사람입니다. 무려 500년 후 사람이에요.

석가와 공자는 동시대에 살았을 것이고, 석가와 소크라테스는 동시대 사람이 아닙니다. 석가가 죽고 14년 뒤에 소크라테스가 태어났으니 말이죠. 공자와 소크라테스도 마찬가지로 겹치지 않습니다. 공자가 죽고 10년 뒤에 소크라테스가 태어납니다. 예수는 한참 후에 태어납니다.

불교의 평등사상(누구나 부처가 될 수 있다)은 빠르게 전파됩니다. 바이샤, 수드라뿐만 아니라 크샤트리아 계급까지도 환영받습니다. 석가모니는 자신의 형상을 만들어 섬기는 일을 절대로 하지 말라고 유언을 남겼어요. 그래서 '무불상 시대'를 거치는데, 알렉산드로스의 침략에 그리스 조각문화가 전해오자 불상이 제작되기 시작합니다. 역시 알렉산드로스 대왕의 파워는 두루두루 대단했습니다.

인도는 BC273년 마우리아 왕조의 3대 왕 아소카 왕에 의해 전 지역이 처음으로 통일됩니다.

이후, 이란 계통의 쿠샨인들이 쿠샨 왕조를 세우고, 이들은 불교를 발전시킵니다.

AD400년쯤 굽타 왕조에 의해 다시 통일되고, 굽타 왕조는 인도의 다양한 신앙을 브라만교에 녹여 힌두교를 만들게 됩니다. 이 시기에 불교는 쇠퇴합니다. 불교는 점점 일반인들이 공부하기 힘들었습니다. 그틈을 힌두교가 차지하며 일반인들에게 인기를 끌었습니다. 그러자 불교가 힌두교를 따라하였습니다. 불교의 힌두화였죠. 후에 이슬람이 들어오면서 불교는 인도에서 거의 사라지게 됩니다. 불교가 태어난 인도에서 불교가 사라지는 아이러니가 일어난 것입니다. 인더스 문명은 여기까지 하고 황허 문명으로 넘어갑니다.

황허 문명

마지막으로 황허 문명을 알아볼까요?

황허 문명은 4대 문명 중 막내입니다. BC2500년부터 시작됩니다. 중국에는 세상을 다스리는 8명의 임금이 있었어요. 이름하여 '3황 5제'. 그중 일곱째가 요, 여덟째가 순입니다. '요순시대' 어디서 들어보지 않았나요?. 태평성대의 대명사. 바로 그 시대가 이 시대입니다.

순임금의 아들 우가 세운 나라가 '하나라'입니다. 하나라는 아직까지 유물, 유적이 발견되지 않아서 실제로 존재했었는지 확실하지 않다고 합니다. 그다음이 상나라(은나라)이고 그다음이 주나라입니다.

(나의 첫사랑 하은주. 이렇게 외웠던 기억이 납니다.)

3황 5제(~요순) 〉 하나라 〉 은나라 〉 주나라. 정도는 기억해 놓으면 좋겠습니다.

BC2070년 하나라

하나라는 순임금 아들 우가 세운 나라입니다. 하(夏)는 우왕에서 걸왕까지 17왕 472년 동안(BC1600년 무렵까지) 존속했습니다. BC1600년이니까 바빌로니아를 히타이트가 점령할 즘이었습니다. 사마천의 『사기』에 의하면 하나라는 BC2070년에 세워졌어요. 하나라 마지막 왕인 걸왕은 상나라 탕왕에게 접수됩니다.

그런데 잠깐! 중국 최초의 나라 하나라가 BC2070년에 시작했고, 우리나라 고조선은 BC2333년에 시작되었습니다. 우리나라가 더 빠르네요? 고조선이 생길 때 메소포타미아 지역엔 어떤 일이 일어나고 있었는지 기억하시나요? 여러 도시국가가 들고일어나 치고받고 했었지요.

BC1600년 상나라(은나라)

　원래 정식 명칭은 상나라입니다. 은나라는 주나라에서 상나라를 깔보고 부르는 나라 이름이었어요. 상나라 말기에 수도 '은'만 남아서 은나라라고 깔보는 이름을 썼던 것입니다. 상나라 주왕은 BC1046년에 주나라 무왕에게 망합니다. 상나라 주왕은 술로 못을 만들고, 나무에 고기를 걸어 숲을 만들었습니다. 이게 바로 '주지육림'의 고사입니다.

BC1046년 주나라

　무왕은 상나라의 주왕을 깨고 주나라를 만듭니다. 주는 봉건제였어요. 봉건제는 각 지역에 제후들로 하여 그 지방을 다스리게 한 제도입니다. 왕의 권력이 세면 다행이지만, 약하면 제후들이 우후죽순처럼 일어날 가능성이 많은 제도였어요. 그래서 주나라 말기엔 이들 제후가 각기 들고일어납니다. 이 시대를 춘추시대라 부릅니다. 춘추시대에도 주는 미약하게 존재했습니다. 주는 BC771년에 망합니다.

BC770년

하상주 시대가 끝나고 군웅이 할거하면서 춘추전국시대가 도래합니다. 우리가 아는 공자는 춘추시대 말미에 태어나서 전국시대 초기에 죽습니다. 춘추전국시대를 약 500년 거치면서 진(秦)나라에 의해 통일됩니다.

BC220년

진시황이 세운 나라가 진(秦)입니다. 진은 한비자의 법가를 숭상하였어요. 길이나 무게(도량형)를 통일했고, 만리장성의 축조를 시작하였으며(진시황이 죽고 나서도 계속 축조됨), 문자를 통일했고, 황제라는 칭호를 처음으로 사용하였으며, 강력한 황권을 바탕으로 봉건제가 아닌 군현제(중앙에서 지방관을 파견하는 제도)를 실시했고, 여러 사상이 진시황제에 대해 비판하자 전국의 책(당시 책은 대나무로 만들었음)들을 모두 태워버리는 '분서갱유'를 실시하였으나, 진나라는 BC206년에 망합니다. 영원불사의 불로초를 찾아 헤매던 진시황은 39세에 황제에 올라, 11년간 왕을 하고, 50살의 나이로 죽습니다. 그가 죽고 4년 후 나라는 망하게 되죠. 불로초를 찾던 사람이 50살의 이른 나이로 죽은 겁니다.

BC206년

진나라의 뒤를 이어 유방이 항우를 무찌르고 한나라를 세웁니다. 한나라부터 중화민족의 한족 개념이 생겨나며, 한자(漢字) 등이 나오게 됩니다. 한나라 무제 때 서양과 교역하게 되는 비단길이 열립니다. 『초한지』가 이 시대 이야기입니다. 초록색 장기 알이 초나라, 빨간색 장기 알이 한나라입니다.

약 400년간 지속하다가 AD220년 유비, 관우, 장비가 나오는 '위촉오'시대의 삼국시대가 시작됩니다.

AD265년

조조의 모사였던 사마의. 그의 손자인 사마염이 진(晉)을 세우고 AD280년 동오를 접수하여 삼국을 통일합니다. 그러나 진도 곧 분열되고, 5호 16국(호=오랑캐 호, 즉 5개의 오랑캐 민족이 세운 16개의 나라)에 이어 '위진남북조'시대 등등의 혼란기를 거쳐 AD581년부터 수 〉당 〉송 〉원 〉명 〉청을 거쳐 중화민국이 세워지게 됩니다. 이것이 중국 역사 흐름의 전부입니다.

AD618년, 당: 약 300년
AD907년, 오대십국: 약 60년
AD960년, 송: 약 300년
AD1271년, 원: 약 100년(몽골족 세력)
AD1368년, 명: 약 300년
AD1644년, 청: 약 300년(여진족 세력)
AD1911년: 중화민국

이런 식으로 중국의 역사는 흘러갑니다. 한 왕조가 길게 가지 못했어요. 길어야 300년입니다. 우리나라는 신라 1000년, 고려 500년, 조선 500년으로 깁니다. 근데 이게 좋은 게 아닙니다. 고인 물은 썩게 됩니다. 우리나라는 동방으로 치우쳐서 큰 역경 없이 고이 컸습니다. 그러니 안으로 많이 곪을 수밖에 없는 지리적 위치에 있었던 것이죠. 중국은 사방으로 뚫려있었기에 나라가 길어야 300년을 유지했던 것입니다.

4대 문명에서 꼭 알고 넘어가야 할 것을 정리하겠습니다.

1) 메소포타미아 문명: 메소포타미아 문명은 수메르에 의해 시작되었다가 어찌하다가 페르시아가 접수했지만, 페르시아가 알렉산드로스 대왕에 의해 접수되었다는 점.

2) **이집트 문명:** 이집트 문명도 알렉산드로스 대왕에 의해 접수되었다는 점.

3) **인더스 문명:** 인더스 문명도 북쪽 지역은 알렉산드로스 대왕에게 접수되었다는 점.

4) **황허 문명:** 황허 문명은 알렉산드로스 대왕에게 피해를 입지 않았다는 점, 결국 알렉산드로스를 꼭 알고 넘어가야 한다는 것입니다.

이것으로 세계 4대 문명을 살펴보았습니다. 다음 장에서는 서양 문명의 시작을 알리는 그리스부터 살펴보기로 하겠습니다. 역사를 배울 때는 다 외우려고 하지 마세요. 그냥 아, 그렇구나! 정도로 이해하고 넘어가면 됩니다. 이 책을 통해 큰 줄기만 잡아 놓으면 됩니다. 다른 책들을 통해 거기에 살을 붙이면 세계사를 한번에 볼 수 있는 눈이 생길 겁니다.

서양 문명의 시작
- 그리스부터 시작되는 서양의 문명

서양 문명은 그리스로부터 시작됩니다. 유럽 문화의 뿌리는 그리스 문명에 있습니다. 그리스는 민주주의가 시작된 나라죠. 고대 그리스도 왕이 있었지만, 각각의 독립된 도시국가가 존재 했습니다. 아테네, 스파르타 같은 도시국가. 도시국가마다 직접민 주주의를 실시하여 의견 일치를 보았어요. 이렇게 그리스는 점 점 발전하게 되었고, 해외로 진출하여 여러 식민지를 거느리기 도 했습니다.

그러다 보니 오리엔트 지역에서 성장하고 있는 페르시아와 부딪치게 되었습니다. 그리하여, 페르시아와 그리스의 한판 전쟁인 페르시아 전쟁이 시작되었습니다.

BC492년~BC448년(44년간)

페르시아와 그리스와의 전쟁이 일어났습니다. 페르시아가 그리스로 원정길에 오르는데, 영화 『300』은 그리스의 한 도시국가였던 스파르타와 페르시아와의 전쟁을 그렸습니다. 그 영화의 배경이 바로 페르시아 전쟁입니다. 또한, 마라톤이라는 것도 바로 이 페르시아 전쟁에서 나오게 됩니다. 이때 페르시아의 왕은 다리우스 1세. 전쟁은 그리스의 승리로 끝이 나고, 그리스는 아테네를 중심으로 최고의 황금기를 구가하게 됩니다.

그 후 마케도니아의 왕 알렉산드로스 대왕에 의해 서양의 문화와 동양의 문화가 섞이게 됩니다. 역사적으로 큰 의미라 할 수 있습니다. 여기에서 나온 문화가 바로 '헬레니즘 문화'입니다.

알렉산드로스 대왕은 BC356년에 그리스 북쪽에 있는 마케도니아에서 태어났고, BC323년 34세의 젊은 나이로 생을 마감합니다. 하지만, 그가 이룩한 일은 엄청나죠. 알렉산드로스의 아버지는 필리포스 2세. 아버지는 군사력을 증강했어요. 그의 군사적 업적에 힘입어 알렉산드로스는 강력한 군대를 갖게 됩니다. 필리포스 2세는 서양의 보병과 동양의 기병을 섞어서 강력한 군대를 만들어 그리스를 점령합니다. 엄청난 길이의 창(팔랑크스)을 소유한 보병이 움직일 때는 숲이 움직인다는 표현이 사용되었습니다. 필리포스 2세가 그리스를 점령한 후, 갑자기 피살되자 20살의 젊은 알렉산드로스가 왕이 됩니다. 그는 아버지의 군대를 더욱 강하게 훈련을 시켜 세계를 제패합니다. 그는 점령지마다 70개에 가까운 '알렉산드리아'라고 하는 도시를 세웁니다. 알렉산드로스 대왕에 대해서는 뒤에 더 이야기하기로 할게요.

오리엔트 문명 > 에게 문명 > 그리스 문명 > 로마 문명

메소포타미아, 이집트 문명의 오리엔트 문명은 에게 문명에 영향을 주고, 에게 문명은 그리스 문명에 영향을 주어 고대 그리스 문명이 탄생합니다. 그리스 문명은 로마에 영향을 미칩니다.

에게 문명은 뭘까요?

터키(소아시아)의 트로이 문명+크레타섬의 크레타 문명+그리스의 미케네(아테네 옆) 문명을 포함하는 문명이 에게 문명입니다. 그리스 본토, 터키, 크레타섬으로 둘러싼 바다(지중해)가 에게해입니다. 그런데, 이 지역을 이렇게 에게 문명이라고 부릅니다. 크레타섬을 중심으로 했기에 크레타 문명이라고 통칭하기도 하죠.

에게해 근방에는 청동기 문명의 펠라스기인들이 살고 있었어요. 크레타섬에서는 문명이 발전하였는데, 지진과 화산이 발생하여 크레타섬 전체가 뭉개졌습니다. 그래서 토박이 펠라스기인들이 크레타섬을 떠났습니다. 크레타섬이 약해지자 그리스인이 세운 미케네 왕국은 BC1400년경부터 점차 크레타섬을 정복해옵니다. 미케네 왕국은 크레타 문명을 흡수하면서 전성기를 누리게 됩니다.

미케네 왕국이 크레타섬을 점령하고 그 세력을 뻗쳐 소아시아(터키)의 트로이까지 세력이 확장되자 트로이와 그리스(미케네 왕국과 다른 그리스 도시국가 연합군)와의 전쟁이 일어났습니다. 그게 바로 10년간의 '트로이 전쟁'입니다. 그리스 연합군이 승리합니다.

BC1200년

그러나 BC1200년경 철기 문명을 바탕으로 한 그리스 북부의 도리스인에 멸망합니다. 청동기의 미케네 문명이 저무는 것은 당연했겠죠. 이렇게 하여 도리스인들이 그리스 땅에 거주하게 됩니다.

이렇게 시간이 흘러, BC5세기가 되자, 식민지를 늘리던 그리스와 페르시아 사이의 전쟁이 벌어집니다. 그게 페르시아 전쟁입니다. 페르시아 전쟁에서 승리한 그리스 연합은 아테네를 중심으로 전성기를 누리게 되는 거고요.

BC431년 펠로폰네소스 전쟁(아테네 VS 스파르타)

그런데, 아테네의 세력이 점차 커지게 되자 이에 반발하는 폴리스(도시국가)들이 생겨났습니다. 스파르타를 중심으로 아테네와 전쟁이 일어납니다. 이게 바로 '펠로폰네소스 전쟁'이에요(BC431년~BC404년, 27년간). 이 전쟁에서 이긴 스파르타를 또 다른 폴리스가 이기고 먹고 먹히는 관계가 지속합니다. 계속 전쟁이 일어나니 어떻게 되겠어요? 힘이 약해집니다.

BC337년 마케도니아의 그리스 접수

그러자 북쪽의 마케도니아가 그리스를 쳐들어와 접수합니다. 그게 바로 알렉산드로스 대왕의 아버지 필리포스 2세였어요. 그러나 아버지 필리포스 2세는 갑자기 피살되어 20살의 알렉산드로스가 왕위에 오릅니다. 그는 부왕의 못다 이룬 꿈을 이루기로 하여 정복왕이 되기로 다짐합니다.

BC330년 알렉산드로스는 페르시아 3세가 이끄는 페르시아를 격퇴합니다. 이로써 동서양의 문화가 섞이게 됩니다. 이게 바로 헬레니즘 문화입니다(헬레니즘은 인간주의, 다신론 주의, 과학, 천문학이 발달). 그러나 알렉산드로스는 젊은 34세에 열병(말라리아)으로 급작스럽게 죽습니다. 허망한 죽음입니다. 그가 죽자 40년간 후계자 자리를 놓고 싸우고, 결국 3개의 왕국으로 분열됩니다. 그러니 힘이 빠지겠죠?

그 후 로마가 새롭게 등장합니다.

4

로마 제국
- 그리스 이후를 주름잡는 로마 제국

수메르 〉 **아카드인** 〉 **바빌로니아** 〉 **히타이트** 〉 **아시리아** 〉 **신바빌로니아** 〉 페르시아 〉 그리스(마케도니아) 〉 로마

메소포타미아 지역을 두고 역사의 흐름이 이렇게 흐릅니다. 이제 로마 제국을 알아볼 차례입니다. 네로 황제가 있었던 로마, 카이사르라는 이름도 한 번쯤 들어봤죠? 로마 속으로 들어가 보겠습니다.

로마는 BC750년쯤 이탈리아반도의 티베르 강변에 세운 도시

국가였어요. 초기 로마는 도시국가라 작아서 에트루리아인의 지배를 받았는데, BC6세기경 에트루리아 출신 왕을 몰아내고 공화정을 세웁니다. 공화정은 권력을 여러 사람이 나누어 가지는 정치를 말합니다. 로마는 평민들까지도 정치에 참여하게 되었어요. 점점 성장했고, 주변으로 영토를 넓혀가게 되었습니다. 그러다 딱 마주친 것이 카르타고였습니다.

포에니 전쟁 (로마 VS 카르타고)

카르타고는 BC8세기쯤 가나안 땅 북쪽의 페니키아인들이 아프리카 땅(지금의 튀니지의 튀니스)에 세운 식민지였습니다. 그곳을 기반으로 지중해 해상을 장악해서 많은 이권을 챙긴 상업도시였어요. 로마의 세력이 커지자 지중해 해상권을 놓고서 로마와 카르타고가 싸우게 되는데, 이를 '포에니 전쟁'이라고 부릅니다. 포에니는 라틴어로 페니키아라는 뜻을 갖고 있습니다. 카르타고는 명장 한니발이 있었지만, 3차에 걸친 싸움 끝에 로마가 승리합니다. 제1차(BC264년~BC241년) / 제2차(BC218년~BC201년) / 제3차(BC149년~BC146년). 그리하여 로마는 제국으로 발돋움하게 됩니다. 이때가 BC146년입니다.

로마는 카르타고를 접수하고, 그리스, 마케도니아 등 지중해 연안 모든 지역을 정복하게 됩니다.

로마가 대제국을 건설하지만, 속으로는 힘이 들었어요. 오랜 전쟁으로 사람들이 힘들어했고, 빈익빈 부익부로 격차가 벌어지게 되었습니다. 제국을 건설해서 이득 본 쪽은 기득권 세력들뿐, 시민들의 삶은 고단했습니다. 그래서 혼란스러웠는데, **카이사르**, 폼페이우스, 크라수스가 세력을 키워 **공화정을 따르지 않고, 삼두정치를 시작합니다.** 삼두, 머리가 세 개라는 뜻이에요. 즉, 세 명이 정치를 이끈다는 뜻입니다.

BC49년 카이사르 대권을 잡다

머리가 세 개면 언젠가는 싸움이 납니다. 권력을 나눌 수는 없기 때문입니다. 카이사르가 갈리아 지방(이탈리아 북부, 프랑스, 벨기에)을 점령하였을 때 싸움이 납니다. 카이사르는 폼페이우스와 단판을 하러 로마로 돌아오는데, 루비콘강이 앞을 가로막습니다. 당시 로마법은 '속국을 다스리는 총독이 군대를 거느리고 강을 건널 수 없다.'라고 쓰어 있었어요. 강을 건너면 반란인 것이죠. 카이사르는 그 유명한 말 "주사위는 던져졌다!"라고 말하며 루비콘강을 건너 승리합니다. 이때가 BC49년입니다. 이때 우리 나라는 고구려 건국(BC57년)과 신라 건국(BC37년) 때쯤이었어요.

카이사르를 피해 폼페이우스는 이집트로 도망을 가지만 이집트의 왕은 그의 목을 카이사르에게 갖다 바칩니다. 이때 이집트의 왕은 두 명이었는데, 그중 한 명이 클레오파트라였어요. 클레오파트라는 카이사르에게 이집트를 홀로 집권하게 해달라고 부탁하고 카이사르는 그 부탁을 들어줍니다. 이미 클레오파트라의 미모에 반했기 때문이었죠. 그녀와 결혼해서 1년간 이집트에서 그녀와 사랑에 푹 빠집니다. 곳곳에서 반란이 일어나지만, 카이

◀ 카이사르 동상

사르는 다 무찌르고 본토로 돌아갑니다. 무소불위의 카이사르는 절대 권력을 누렸습니다. 황제라 해도 됐지만, 로마는 공식적으로 공화정이었습니다. 카이사르의 권력이 커지는 것이 부담스러워 원로원과 공화정 세력은 그를 죽여 버립니다.

BC27년 실질적 황제인 옥타비아누스

카이사르의 후계자로 그의 여동생의 손자 가이우스 옥타비아누스가 정해집니다. BC43년 또다시 안토니우스, 옥타비아누스, 레피두스 세 명이 삼두 정치를 이끕니다. 머리가 세 개면 어떻게 된다고 했죠? 또 싸움이 일어납니다. 결국, 옥타비아누스가 승리하고 그가 대권을 잡습니다. 그렇지만 로마는 공화정이었어요. 황제라는 칭호를 못 쓰고, 대신 '아우구스투스(존엄 자라는 뜻)'라는 칭호를 원로원으로부터 받게 됩니다. 사실상 황제죠. 옥타비아누스는 현명하여 정치를 잘 했습니다. 태평성대를 이룩합니다. 이때 생겨난 말이 '모든 길은 로마로 통한다.'입니다.

그 후 네로 황제 이야기를 잠깐 해볼게요. 워낙 유명하니까요. 네로는 54년부터 68년까지 집권했는데, 처음부터 폭군은 아니었습니다. 그는 예술을 좋아해서 그가 집권한 당시엔 시, 노래, 건

축이 발전했지만, 폭군으로 변해 그리스도교를 박해하고, 사치와 낭비가 심해졌습니다. 그는 31세의 젊은 나이로 반란군에 쫓기다가 자살합니다. 네로 후로는 현명한 황제들이 잇달아 5명이 나와서 로마의 전성기를 구가하게 됩니다. 로마로 인해 오리엔트, 그리스, 헬레니즘의 문화가 모두 하나로 뭉쳐 유럽의 고대 문화가 완성되었습니다.

하지만 로마 제국도 영원할 수는 없는 법. 군인 황제 시대가 235년부터 284년까지 진행됩니다. 그리고 디오클레티아누스 황제는 로마를 4개로 쪼개서 관리하다가 콘스탄티누스 황제에 의해 다시 통합됩니다. 그는 콘스탄티노플(터키 이스탄불)로 수도를 옮겨 313년 그리스도교를 공인하여 사상적 통일과 국가의 발전을 도모하지만 이미 기울기 시작한 로마였어요.

395년

그러다가 테오도시우스 황제가 죽고 로마는 동로마와 서로마로 나뉘게 됩니다. 서로마의 수도는 로마, 동로마의 수도는 콘스탄티노플(이스탄불)입니다.

476년 서로마의 멸망

그러다가 훈족이 서쪽에서 침입해오자 게르만족이 밀려서 서쪽으로 이동해옵니다. 게르만족은 프랑크족, 부르군트족, 고트족, 반달족 등을 통칭합니다. 게르만족이 서로마를 침입해오지만, 서로마는 막을 힘이 없습니다. 이미 부패했기 때문이고, 병사도 게르만족 용병을 쓰는데, 게르만족이 게르만족을 잘 막을 수가 없었겠죠. 무너집니다. 게르만족 용병 대장 오도아케르가 황제를 폐하고 스스로 황제가 됩니다. 서로마의 멸망입니다. 때는 476년. 서로마 제국이 무너진 자리엔 게르만 왕국들이 세워집니다.

한편 동로마는 콘스탄티노플을 중심으로 계속 버텨나갑니다. 1453년까지 비잔틴 제국이라는 이름으로 명맥을 잇습니다. 1453년 오스만튀르크에 의해 멸망합니다. 투르크족=터키인=돌궐로 보면 됩니다. 이들은 이슬람교에요. 뒤에 가서 더 이야기해 볼게요.

여기서 좀 정리하고 넘어가 볼게요. 로마는 BC8세기 작은 도시국가로부터 시작되어서 발전하여 476년 서로마가 망하고, 동로마는 계속 유지했어요. 서로마의 역사는 약 1300년가량 됩니다. 굉장히 오랜 기간 제국을 유지한 겁니다. 그러니 로마는 유럽 문화의 집대성이라고 부릅니다. 동로마는 더 길어요. 약 2300년을 유지한 제국입니다.

5

중세 유럽
- 서로마 제국이 망하고 시작된 중세 시대

서로마 제국이 멸망하면서(476년) 중세 유럽이 시작됩니다. 서로마 제국이 멸망하기 전 상황을 조금 짚어보죠. 먼저 313년은 중요한 연도였습니다. 313년엔 과연 어떤 일이 일어났을까요? 콘스탄티누스 대제(황제를 높여 부르는 말)가 313년 그리스도교를 공인합니다. 예수 그리스도가 나오고 **313년이 지나서 그리스도교는 로마와 짝꿍**이 되었습니다. 이건 무얼 의미할까요? 로마가 누구입니까? 세계 최대의 제국인 나라입니다. 그런 나라에서 그리스도교를 공인했다는 것은 기독교의 어마어마한 발전이 시작되었다는 말과도 같은 것이겠죠. 기독교가 범세계적인 종교로서 발돋움한 것은 콘스탄티누스 대제의 영향이 매우 컸습니다. 중세 유럽 사회를 말하려면 무조건 기독교(그리스도교의 한자식 발음 표기)가 들어가야 이야기가 됩니다. 쉽게 말해 중세 유럽을 이야기할 때 기독교를 빼놓고서는 어떤 말도 할 말이 없게 됩니다.

(연도 외우기, 313년, 기독교는 '3위 1체' 사상입니다. 성부와 성자와 성령이 모두 하나라는 의미, 이 3개가 1개다 3개가, 그래서 313년)

476년

서로마 제국이 멸망하는데, 이 원인을 알아보겠습니다. 게르만 민족이 대이동을 했기 때문입니다. 동쪽에서 게르만 민족이 대거 서로마 쪽으로 이동해옵니다. 그들은 왜 왔을까요? 훈족에게 쫓겨서 왔습니다. 훈족은 우리가 아는 흉노족입니다. 훈족의 등쌀에 못 이겨 서쪽으로 오게 된 것이죠. 그럼 훈족(흉노)는 중국과 인접해 있는데, 이들은 왜 서쪽으로 오게 된 걸까요? 그들은 중국의 등쌀에 못 이겨 서쪽으로 피해온 것입니다. 즉, **중국의 강성으로 인해 훈족이 서쪽으로 오고, 훈족을 피해 게르만이 서쪽으로 오고, 그 게르만이 약해진 서로마 제국을 멸망시키게 됩니다.**

(연도 외우기, 476년: 4-서로마를, 7-치자, 6-육로로)

BC129년에 한무제는 대대적으로 흉노들에게 압박을 가합니다. 북방의 오랑캐 흉노가 골치 아팠기 때문이죠. 그때부터 흉노는 강성해진 중국을 피해 서쪽으로 조금씩 이동하다가 세월이 흘러, 훈족은 게르만에게 압박을 가하고, 게르만은 '에잇 더러워서 내가 서쪽으로 간다.' 하면서 서쪽으로 이동해 와서 마침 약해진 서로마 제국을 접수해버리게 됩니다.

게르만족은 누구인가?

그렇다면 게르만족은 뭘까요? 게르만족은 지금 유럽인들의 직접적인 조상입니다. 가장 특징적인 그들의 외모는 백인에 파란 눈에 금발 머리죠. 영국, 프랑스, 독일, 네덜란드, 스웨덴, 덴마크, 노르웨이 모두 게르만족의 후손들입니다. 고트인, 반달인, 부르군트인, 프랑크인, 색슨인, 아라만인, 앵글인, 덴마크인, 노르만인 등 모든 족속이 게르만족입니다. 나중에 뒤에 나오는 노르만족도 게르만족입니다. 게르만족 안에 노르만족도 포함됩니다. 따라서 그냥 쉽게 유럽인=게르만족이라고 보면 되겠습니다.

이 게르만족은 서로마 제국을 쳐들어와서 476년에 접수합니다. 그리고 서로마 제국이 차지했던 땅들을 그들이 차지하고 그들의 왕국을 건설합니다. 근데 이때 **게르만족들은 기독교**(로마 가톨릭)**와 연대합니다.** 그들이 세웠던 왕국 중에 가장 유명한 왕국은 '프랑크 왕국(481년~843년)'이었습니다.

768년

프랑크 왕국 하면 떠오르는 인물이 샤를마뉴입니다.

◀ 샤를마뉴 동상

그는 768년에 프랑크 왕국의 황제가 되는데, 그는 중요한 인물입니다. 왜일까요? 그는 왕권 강화를 위해 로마 교황을 지지했습니다. 당시 교황은 동로마 제국 황제와 사이가 좋지 않았어요. 그럴 때 샤를마뉴는 로마 교황과 사이가 좋았습니다.

800년

마침 교황은 800년에 샤를마뉴에게 서로마 제국 황제 칭호를 내리며 왕관을 주게 됩니다. **게르만족에게 서로마 제국의 황제 칭호를 준 역사적인 사건이 된 것이죠. 프랑크 왕국이 서로마 제국의 후계자가 된 것이고, 게르만족이 서로마를 잇게 된다는 의미도 됩니다.** 이는 동로마 입장에서는 미친 짓이었어요. 하지만, 교황은 동로마 황제와 껄끄러웠고, 프랑크 왕국의 샤를마뉴에게 '서로마 황제 칭호'를 주어 자신을 지지해준 샤를마뉴와 돈독한 사이가 되었습니다. 샤를마뉴 입장에서도 반가운 소식이 아닐 수 없었죠.

870년

샤를마뉴가 죽고(814년) 시간이 흘러 프랑크 왕국은 분열됩니다. 프랑크족의 풍습상 아버지가 죽으면 유산을 골고루 나눠가져야 하기 때문이었어요. 그리하여 프랑크 왕국은 서프랑크, 동프랑크, 중프랑크로 나뉘게 됩니다. 서프랑크는 나중에 프랑스로, 동프랑크는 독일로, 중프랑크는 이탈리아로 발전하게 됩니다.

게르만족의 이동으로 서로마가 망했는데, 이들 게르만족이 세운 나라 중 가장 잘나가는 프랑크 왕국도 서서히 기울게 되는 시점에 게르만족의 일족인 노르만족(바이킹)이 민족 대이동을 하기 시작합니다. 프랑스 북서 지방에 노르망디 공국, 지중해 나폴리 왕국, 시칠리아 왕국, 러시아의 노브고로드 공국, 키예프 공국 등을 건설합니다.

962년

한편 동프랑크 왕국엔 마자르족이 100여 년간 침입해왔는데, 그들을 잘 막아낸 오토 1세의 공을 인정하여 로마 교황은 962년 그에게 '신성 로마 제국' 황제의 칭호를 하사합니다. 동프랑크는 나중에 독일이 된다고 했었죠? 고로 신성 로마 제국도 독일의 역사에 들어가게 됩니다. 신성 로마 제국은 1806년까지 이어집니다.

한편, 서로마 제국은 476년 게르만의 침입으로 멸망하는데, 동로마는 그래도 꿋꿋하게 버텨나갑니다. 동로마는 1453년 오스만튀르크에 멸망합니다. 서로마보다 1000년 더 가는 겁니다. 동로마 제국을 비잔틴 제국이라고 부르기도 해요. 왜냐면? 수도 이름이 비잔티움이었어요. 수도 이름은 콘스탄티누스 황제가 나중에 자신의 이름을 따서 콘스탄티노플로 바꿉니다(330년). 지금의 터키 이스탄불입니다.

그래서 동로마 문화=비잔틴 문화

비잔틴 문화는 로마 문화를 바탕으로 오리엔트 문화가 더해진 문화였습니다.

동로마의 주목 인물로는 '유스티니아누스(527년~565년)' 황제인데, 이 황제가 지배할 때가 가장 부흥기였고, 그가 죽으면서 몰락의 길을 걷게 됩니다.

중세 유럽 문화는 기독교로 압축할 수 있습니다. 그러니 교황 이야기를 아니 할 수가 없습니다. 초기 로마 교황은 동로마 제국 황제보다 아래급이었습니다. 그러나 800년 프랑크 왕국의 샤를마뉴 대제에게 서로마 황제를 칭해주고, 962년 동프랑크 왕국의 오토 대제에게 신성 로마 제국의 황제 칭호를 하사하면서 동로마 황제의 그늘에서 벗어날 수 있었습니다. 그런데, 서로마가 망하고 게르만 왕족들에게 기독교를 더욱더 잘 전파하려고 **성상을 만들었는데**, 동로마 교회를 대표하는 동로마 황제는 그건 우상숭배라면서 크게 대립하게 됩니다. **결국, 종교적으로 1054년에 갈라서죠. 서쪽은 로마 가톨릭. 동쪽은 그리스 정교회.** 그리스 정교회는 러시아를 비롯한 동유럽 국가에서 쭉 이어집니다. 자신들이 정통을 잇는 교회라고 해서 정교회라고 칭한 것입니다.

교황과 황제는 물고 물리는 관계였습니다. 서로 간의 간섭도 있었고, 이권 문제도 있었어요. 그러다가 한판 붙게 되는데, 1077년 황제가 교황에게 무릎을 꿇은 사건이 발생했습니다. 기독교를 철저히 믿는 신하들이 황제를 안 따랐기 때문이에요. 그래서 황제가 교황을 찾아가서 "제가 잘못했으니까 용서해 주세요."라고 싹싹 빌었습니다. 이탈리아에 있는 카노사에서 빌어서, '카노사의 굴욕'이라고 부릅니다. 이 일이 있었던 이후로 약 200년간 교황의 전성시대가 열립니다.

가볍게 중세 유럽을 정리해 볼게요.

313년 기독교는 공인되고, 476년 서로마 제국은 망하게 됩니다. 중국 〉 훈족 〉 게르만족에 의해 망한 것이죠. 서로마가 망하면서 중세 유럽이 시작됩니다. 중세 유럽은 기독교를 빼놓고는 말할 수 없습니다. 게르만족이 기독교와 친해지면서 유럽을 접수할 수 있었습니다. 후에 교황과 황제가 아웅다웅했고, 1054년 성상 문제로 로마 가톨릭과 그리스 정교회로 나뉩니다. 동로마(비잔틴 제국)는 1453년 오스만튀르크에 멸망합니다.

6

아랍 세계
– 마호메트가 이룬 아랍 세계

500년경부터 동로마 제국(비잔틴 제국)과 사산조 페르시아 간에 꾸준한 전쟁이 있었습니다. 그러다 보니 비단길이 막혔고, 무역로가 막혔습니다. 그리하여, 무역로가 새로 뚫렸는데, 바닷길을 이용하여 아라비아반도 메카라는 곳이 엄청난 상업도시로 발돋움하게 됩니다.

근데 사산조 페르시아는 뭔가요?

페르시아는 앞서 이야기했는데 사산조는 또 뭐죠? 사산 성씨를 가진 왕조가 태동했는데, 이 왕이 페르시아를 승계한다고 해서 사산 왕조 페르시아라고 부른 것입니다. 226년에 건국해서 651년에 이슬람 세력에 의해 멸망합니다. 이란의 조상입니다.

아라비아반도, 메카 이야기를 하면 자연스럽게 나오는 인물이 마호메트(무함마드)입니다. 그는 570년에 태어나서 632년에 죽은 이슬람(=신에게 복종해야 한다는 뜻)교의 창시자죠. 이 사람이 대단한 것은 이슬람을 창시한 것도 창시한 거지만, 그전까지 흩어져서 힘을 못 쓰며 살던 아랍 민족을 통일했다는 데 있습니다. 물론 이슬람교를 바탕으로 이룬 것이죠.

그는 570년경에 태어났지만, 아버지와 어머니가 일찍 돌아가셔서 작은아버지 밑에서 자랐습니다. 살면서 기독교에 대해서 접하기도 하면서 유일신 사상에 동화되어갔습니다. 그러다가 그는 돈 많은 과부 밑에서 일하다가 사랑에 빠져 결혼하게 됩니다. 이때 마호메트는 25살, 과부는 40살! 마호메트는 그녀와 결혼하면서 부자가 되었습니다. 살만해지니까 동굴 같은 데 들어가서 명상에 빠지는데, 그의 나이 40살에 동굴에서 명상하다가 천사 가브리엘로부터 계시를 받게 됩니다. 그리고 이슬람교를 창시합니다.

메카에서 신도들이 늘자, 기득권층이 그를 잡아서 죽이려 합니다. 왜일까요? 평등을 외치고, 부자들이 가난한 자들에게 재산을 나누어주자고 주장했기 때문입니다. 그게 이슬람 교리입니다. 그리하여 그는 622년(헤지라=이주, 이탈) 메디아로 거처를 옮기고 이슬람교 세력을 늘립니다. 후에 다시 메카를 빼앗고, 이슬람 반도 전체를 630년 통일하게 됩니다. 622년 헤지라는 중요한 의미를 품고 있습니다. 그전 메카에서는 이슬람이 아랍 민족 안의 종교였다면, 622년 후부터는 다른 민족을 받아들였습니다. 범세계적인 종교로 거듭나는 해였던 것이죠.

632년 마호메트가 죽자, 이슬람교도들은 칼리프(기독교의 교황)를 뽑았습니다. 632년부터 661년까지를 '정통 칼리프 시대'라고 부르는데, 이 시대에 이슬람 세력은 확장합니다. 팔레스타인 지역, 사산조 페르시아 지역, 이집트 지역, 지중해 연안 지역까지 정복합니다. 이 칼리프 시대에 이슬람 종파가 수니파와 시아파로 나뉘는데, 가장 직접적인 인물은 '알리'입니다. 무함마드가 죽고 그를 대신할 지도자는 **무함마드의 혈통에서 나와야 한다고** 주장하는 쪽이 **시아파**였습니다. 그들은 혈통인 알리를 추대했지만, 4대에 가서야 겨우 알리가 칼리프가 되었습니다.

수니파 VS 시아파

❶**수니파: 90%**

외국인 칼리프 인정, 그래서 90%.

코란의 해석을 중시

(순이는 순해서 외국인 칼리프도 '인정해 줬다.'라로 외웁니다.)

❷시아파: 10%

무함마드 혈통만 칼리프가 될 수 있다고 주장.

칼리프는 코란을 덧붙여 쓸 수 있는 권한이 있다고 주장.

이라크, 이란은 시아파.

632년~661년(정통 칼리프 시대)

마지막 4대 칼리프 알리를 끝으로 정통 칼리프 시대를 마감.

알리는 우마이야 왕조에서 보낸 자객에 의해 암살당함.

661년~750년(우마이야 왕조)

칼리프를 세습.

수니파.

750년~1258년(아바스 왕조)

시아파.

이렇게 아라비아반도의 이슬람 제국은 흘러갑니다.

한편 아바스 왕조의 힘이 조금씩 약해질 무렵, 소아시아의 투르크가 점점 득세하게 됩니다.

먼저 등장하는 왕조가 셀주크튀르크(셀주크 왕조)이고 그 뒤를 오스만튀르크(오스만 왕조)가 있습니다. 튀르크족은 터키의 조상입니다. 발음이 비슷하죠? **훈족(흉노), 돌궐, 위구르 모두 투르크족입니다. 투르크족은 이슬람을 받아들입니다.** 게르만족은 기독교를 받아들였죠?

셀주크튀르크: 1037년~1194년 or 1256년 셀주크가 세워서.

오스만튀르크: 1299년~1922년 오스만이 세워서, 동로마를 멸망시킴. 이슬람 세력의 대표주자.

셀주크튀르크 시대에 '십자군 전쟁(1096년~1272년)'이 총 8차례 일어납니다.

이 부분은 뒤에 가서 이야기하기로 할게요.

동아시아

– 중국, 일본, 대한민국의 역사

1. 중국

2. 일본

3. 대한민국

7-1. 중국

이쯤에서 동아시아를 살펴볼게요. 동아시아를 돌아보는 가장 큰 이유는 몽골 때문입니다. 몽골은 **역사상 가장 큰 제국을 70년 만에 이룩해 낸 나라**이기 때문이죠. 그러니 지금부터 보는 내용은 몽골을 이해하기까지의 과정 정도라고 봐 주세요.

앞서 말했듯이, 중국의 역사는 **3황 5제(~요순)로부터 시작해서** 〉하상주 〉춘추전국시대 〉진(시황제) 〉한 〉위촉오 〉진(사마염) 〉5호 16국 〉위진남북조 〉수 〉당 〉송 〉원 〉명 〉청 〉중화민국 순으로 쭉 진행됩니다. 순서를 건너뛰고 먼저 몽골 제국부터 알아볼게요. 송나라 다음에 시작되는 원나라가 몽골이 세운 제국입니다. 중국 역사에 이민족이 세운 나라가 원나라, 청나라가 있었습니다. 원나라는 몽골이, 청나라는 여진이 세운 국가입니다.

몽골의 영웅 테무진(칭기즈 칸)은 1162년에 태어났어요. 그리고 1206년에 몽골을 통일하고(이때부터 몽골 제국의 시작) 세계를 정복하기 시작합니다. 그가 죽고, 그의 후손들은 계속 세계를 정복하여 테무진의 손자인 쿠빌라이 칸 때(1279년) 제일 큰 땅을 차지하게 됩니다. 쿠빌라이 칸은 이때 나라 이름을 원(대원)이라 고칩니다. 쿠빌라이 칸이 죽자 몽골은 내분으로 인하여 무너지게 되어,

1368년에 명나라에게 중국 땅을 내어줍니다. 몽골 제국의 흥망성쇠는 정말 굵고 짧습니다. 1206년에 시작하여 1279년에 대제국을 건설하고, 1368년에 망하는 162년간 굵고 짧게 하다 갔습니다. 물론 킵차크한국(칭기즈 칸의 장손자)이 러시아 볼가강 근처에서 1502년까지 갔지만 별다른 것이 없으니 그냥 넘어가겠습니다. **몽골 제국은 문화보다는 그저 땅따먹기에 열을 올린 민족이**라 할 수 있습니다. 열심히 달려서 땅 따먹고, 유지하지 못한 채 쉽게 해체되어 버린 제국이 바로 몽골이죠. 그래서 땅보다는 자신만의 문화가 중요합니다. 우리나라의 한류 열풍이 그래서 되게 중요한 겁니다. 김구 선생님께서 꿈꾸셨던 문화강국이 진정한 선진국이며 강국이랍니다.

다시 앞으로 돌아가서 특징적인 것만 짚어볼게요.

중국의 역사는 '3황 5제'로 시작됩니다. 총 8명의 임금이 나라를 다스렸던 것입니다. 그중 일곱째가 '요' 임금이고요, 마지막이 '순' 임금이라고 말했습니다. 일명 '요순시대'라고 일컬어지는 시대로 이상적인 정치로 나라를 이끌어 백성들이 잘 먹고, 잘 사는 시대를 뜻하는 태평성세를 표현하는 대명사로 쓰입니다.

그리고 나서 하나라 〉 상나라(은나라) 〉 주나라로 이어집니다. 주나라가 망하고 춘추전국시대의 혼란스러운 시대가 도래합니다. 이 시절 제자백가라고 해서 수많은 사상가가 나옵니다. 공자, 묵자, 순자, 한비자 등이 나오는 시대입니다.

그리고 이 혼란스러운 시대를 통일한 왕이 진시황제입니다. 진나라를 세웁니다. 시황제는 불로초를 구했습니다. 오래도록 살고 싶었습니다. 그러나 그는 겨우 50살의 나이로 죽습니다. 그렇게 짧게 진나라는 끝이 납니다.

뒤를 이어 유방의 한나라가 나옵니다. 초나라의 항우와의 싸움에서 이겨서 한나라를 세웁니다. 이 한나라도 후기에는 분열되어 『삼국지』로 유명한 위, 촉, 오의 세 나라로 분열됩니다. 유비, 관우, 장비, 제갈량은 서남쪽의 촉나라, 조조는 북쪽의 위나라, 동오라고 해서 동남쪽의 오나라는 손권이 차지하게 됩니다만, 결국에는 위나라가 통일하게 됩니다. 그러니 조조의 모사였던 사마의의 손자인 사마염이 진나라를 세우게 됩니다.

그러나 또, 분열되어 5호 16국 〉 위진남북조시대의 혼란기를 거쳐, 수나라 수양제에 의해 다시 통일합니다.

이후 역사는 다른 책에도 자세히 나와 있으니, 중국과 우리나라와의 관계로 아주 간략하게 보면 이렇습니다.

수양제는 고구려 을지문덕과 한판 붙어서 집니다.

당의 태종 이세민은 고구려 연개소문, 안시성 양만춘에게 집니다.

송은 고려와 친하게 지냅니다.

원은 홍건적의 난(주원장)으로 망합니다(cf. 황건적의 난=한나라 말기 유비가 나올 때).

명은 조선과 친하게 지냅니다.

중국의 마지막 왕조라고 할 수 있는 청은 여진족이 세운 나라입니다.

청나라는 서양 열국의 식민지로 전락하게 되며, 역사상 최악의 상태에 이릅니다. 후에 마오쩌둥은 공산당 혁명을 통해 중국 대륙을 공산화하고, 그와 싸웠던 국민당의 장제스는 타이완으로 도망을 가서 지금의 타이완이 됩니다.

7-2. 일본

G7

Group of 7이라고 해서 G7. 미국, 일본, 영국, 프랑스, 독일, 이탈리아, 캐나다의 선진 7개국을 지칭합니다. 러시아가 없는 게 특이하죠. 1976년에 만들어졌어요. 러시아는 1997년에 참가함으로써 G8이 되었으나 2014년 러시아가 우크라이나의 크림반도를 합병하자 G7에서 러시아를 탈퇴시켰습니다. 우리나라는 이런 G7에 문재인 정부 때 초대받았습니다. 그만큼 우리나라의 위상이 올라가게 된 것입니다. 2021년 유엔무역개발회의 운크타드(UNCTAD)는 195개 회원국 만장일치로 한국을 개발도상국에서 선진국으로 격상시켰습니다.

일본의 대략적인 역사

일본은 AD239년에 가서야 첫 국가가 등장합니다. 야마타이 고쿠. 일본은 和(화, 일본 발음으로 '와')를 중시합니다. 평화, 조화할 때의 '화'입니다. 섬나라는 도망갈 곳이 없습니다. 서로 치고받고 싸우면 둘 다 나중에 패망하게 됩니다. 대륙 같으면 다른 곳으로 가면 끝이지만, 섬이라 어디 갈 데도 없습니다. 그래서 화(和) 사상이 발달했어요. '싸우지 말고, 화해하면서 살자, 조화롭게 살자, 평화롭게 살자.'라는 뜻입니다. 일본은 정권이 여러 번 바뀌어도 덴노(일왕)의 혈통은 한 번도 바뀌지 않았습니다. BC660년에 초대 덴노를 시작하여 현재까지 126대로 이어지고 있습니다. 2022년 현재 126대는 나루히토 덴노입니다.

일본 땅의 첫 천하통일은 1590년에 이루어졌습니다. 그전에는 작은 국가들로 쪼개져 있었어요. 누가 첫 천하통일을 했을까요? 바로 그 유명한 도요토미 히데요시입니다. 그가 일본을 첫 통일하고 1592년 조선을 쳐들어 왔습니다. 그게 바로 임진왜란이었죠. 통일을 이루고 그 기세를 이어 우리나라를 쳐들어온 것이었습니다.

일본에는 2개의 정부가 존재합니다. 덴노 정부와 실세 정부입니다. 덴노는 살아있는 신으로 실권이 없습니다. 명분만 있어요. 실세 정부는 과거 막부였습니다. 막부의 장군을 쇼군이라고 불렀는데, 장군(將軍)을 일본어로 발음하면 쇼군이 됩니다.

'오다 노부나가(1534년~1582년)', '도요토미 히데요시(1536년~1598년)'를 지나 1603년이 되어서 '도쿠가와 이에야스(1543년~1616년)'가 전쟁의 종지부를 찍습니다. 에도 막부의 시작입니다. 도쿠가와 이에야스 때부터 전쟁이 끝나고 착실히 경제가 약 100년간 성장합니다. 그러다가 1700년대에는 지독한 불경기에 빠집니다. 이런 일본이 어떻게 한때 세계 2위의 경제대국이 되었을까요?

일본은 계속 쇄국정책으로 일관하다가 **1854년 미국**의 페리 제독에 의해 문호가 개방되었습니다. 불평등 조약이었죠. 이때 우리나라는 철종 5년이었어요. 그리고 나서 일본은 발 빠르게 1868년 메이지 유신을 단행합니다. 이걸로 인해 일본이 세계적인 대국으로 뜰 수 있었습니다. 빠르게 변신한 것입니다. 1868년 메이지 유신으로부터 개혁을 단행하여 1980년 중반에는 미국마저 넘볼 정도로 막강해졌습니다. 불과 100년도 안 되어서 국력이 급성장한 것입니다. 이점에 있어서 놀라운 나라입니다. 그러나 1990년이 되면서 불경기에 허우적거리며 현재까지 이어지고 있습니다. 세계 최고 노령화의 나라가 되었습니다.

일본의 내리막길

한때 잘나가던 일본도 서서히 내리막길을 걷게 됩니다. 회사와 나라는 부자가 되었지만, 국민은 여전히 가난했습니다. 회사는 돈이 넘쳐흘렀습니다. 그래서 부동산과 증권에 돈을 투자했습니다. 땅값과 주식값이 폭등했어요. 버블 경제(거품 경제)가 시작된 것입니다. **버블 경제는 1989년에 절정을 이루었습니다. 1990년부터는 거품이 빠지기 시작했습니다.** 부동산 가격이 폭락하고, 주식값이 반 토막이 나기 시작했습니다. 엔화는 절상되어, 즉 엔화 가치가 올라가게 되어 수출 가격이 올라가게 되어 수출이 안 좋아지게 되었습니다. 이는 한국으로서는 호재였어요. 결국, 일본 경제는 불황의 늪으로 빠지게 되었습니다. **1989년 동유럽이 몰락하고, 동독과 서독의 베를린 장벽이 붕괴하게 되었습니다. 일본의 버블 붕괴와 비슷한 시기에 일어납니다. 1990년 소련이 몰락하면서 미국이 세계 유일의 초강대국이 되었습니다.** 미국은 WTO를 통해 전 세계 무역 장벽을 없애버리고 미국식(유럽식) 자본주의를 도입하여 아시아를 공략하기 시작했습니다. 1997년 태국을 시작으로 인도네시아, 말레이시아를 거쳐 한국에 당도했어요. 한국도 IMF를 겪게 됩니다.

민족 구성

복습 한번 해볼까요? 지구가 태어난 지 50억 년 됐다고 했습니다(정확하게 45억 년). 지구가 생기고 수차례 빙하기가 왔고요. 지구가 꽝꽝 어는 시기를 빙하기라 했죠. 바다까지 업니다. 어니까 해수면도 내려가고, 하늘에서 보면 땅 면적이 넓어지는 것 같이 보입니다. 마지막 빙하기는 1만 년 전이었습니다. 그럼 지금은 빙하기일까요? 지금은 간빙기라고 부릅니다. 빙하기와 빙하기 사이라는 뜻입니다. 상대적으로 따뜻한 시기입니다. 그러니 우리는 얼마나 행복한 시대에 살고 있는지 잘 아셨죠?

인류는 400만 년 전에 출현했습니다. 오스트랄로피테쿠스. 인류는 빙하기와 함께 시작되었죠. 오스트랄로피테쿠스 다음으로 진화된 호모 에렉투스가 출현하는데, 이들은 불을 사용할 줄 알았습니다. 호모 에렉투스의 출현은 50만 년 전이었습니다.

다시 일본으로 돌아가서, 일본 땅은 빙하기 때는 해수면이 낮아 대륙과 연결이 되었습니다. 즉, 걸어서 갈 수 있는 땅이었죠. 빙하기 때 아이누족과 남방 민족, 구몽고계가 일본 땅으로 걸어서 넘어가 정착했습니다. 빙하기가 끝나고는 신몽고계는 배를 타고 건너가서 일본 민족을 구성하게 되었습니다. 즉, 일본 민족 구성은 '아이누족+남방 민족+구몽고계+신몽고계'로 이루어졌습니다.

최초의 국가

일본은 느렸습니다. 섬 안에 갇혀 지냈으니 문명의 발달이 느릴 수밖에 없었어요. 대륙과 반도에서는 거의 중앙집권 국가로 발돋움하고 있을 때조차 일본은 겨우 농사는 짓는 미개한 사회였습니다. AD 3세기 말쯤 되어서야 작은 여러 나라는 연합하여 국가다운 최초의 국가가 나옵니다. 그저 주변의 여러 족속을 포함하여 만든 나라였습니다. 이름하여 야마토. 일본 최초의 국가는 토마토 아니, '야마토' 정권이었습니다.

건국신화

일본 건국신화를 보겠습니다. 근데 좀 복잡합니다. 우리처럼 단군, 환웅으로 간단명료하지가 않습니다. 그래서 간단하게 줄여보면, 천상의 세계에서 마지막으로 태어난 오누이신 오빠 '이자나기', 여동생 '이자나미'가 있었습니다. 이 둘은 결혼을 해서 일본 땅을 만들었습니다. '이자나미'는 여러 신을 낳는데 불의 신을 낳다가 죽습니다. 홀아비 이자나기의 눈, 코에서 세 아이가 나옵니다. 그중 한 아이가 태양신 아마테라스 '오미카미'입니다. 이 신의 손자가 '호노니니기'입니다. 호노니니기는 사람 여자와 결혼을 했고, 어쩌고저쩌고 계속 혼인하면서 내려오다가 아마테라스의 5대손인 초대 천황(덴노)을 낳습니다. 즉, 초대 천황(덴노)은 태양신 아마테라스의 5대손이란 얘기입니다. 다시 말해, **태양신의 5대 손자가 1대 덴노가 됩니다.**

최초의 여자 덴노

야마토 정부부터 시작되는 일본 역사는 서로 먹고 먹히는 권력 싸움의 연속이었습니다. 즉, 덴노와 고조쿠(호족) 간의 권력 다툼의 연속이었어요. 어떤 때는 덴노가 집권하고, 어떤 때는 고조쿠가 집권하게 됩니다. 592년 32대 스슌 덴노가 암살당했습니다. 그래서 세워진 게 33대 스이코 덴노였습니다. 스이코는 최초의 여자 덴노였어요. 스이코의 재위 기간은 592년부터 628년이었습니다. 당시 신라에서는 선덕여왕의 아버지 진평왕이 다스리고 있었습니다. 선덕여왕은 누구인가요? 신라 최초, 아니 우리나라 최초의 여왕입니다. 진평왕은 일본에서도 여자가 왕이 된다는 사실을 알았고, 본인도 딸을 왕으로 삼게 되는 힌트를 얻습니다.

오다 노부나가, 도요토미 히데요시, 도쿠가와 이에야스

일본 역사에서 빠지지 않는 3명이 있습니다. 그들의 이야기를 해볼게요. 1467년부터 시작된 전국시대에 다이묘(지방 영주, 호족)들은 자기 밥그릇 정도만 챙기면 그만이었습니다. 대부분의 다이묘들은 일본을 통일할 큰 꿈을 그리지 않았습니다. 그러나 '오다 노부나가(1534년~1582년)'는 달랐어요. 그는 일본 통일의 야망을 꿈꾸었습니다. 직업 군인제를 택해서 국력을 증강했으며, 조총의 힘을 일찍 깨달았고, 예수회를 통해 무기를 수입합니다. 또한, 정보 중심의 전략적인 전투를 즐겼습니다. 그러다 보니 주변 다이묘들로부터 항복을 계속 얻어냈고, 통일을 눈앞에 둔 시점인 1582년 부하 장수에게 습격을 당했고, 스스로 목숨을 끊었습니다.

오다 노부나가가 죽자 그의 부관인 도요토미 히데요시는 즉시 출동하여 반란군을 진압하고 경쟁세력을 죽이면서 오다 노부나가의 대통을 이어받게 됩니다. '도요토미 히데요시(1536년~1598년)'

는 출신 성분이 매우 낮았어요. 그는 겨울에 오다 노부나가의 신발을 따뜻하게 만들려고 자신의 가슴에 품는 일화도 있었습니다. 도요토미 히데요시는 당시 최대 경쟁자인 도쿠가와 이에야스와 담판을 지어 그를 에도의 다이묘로 보내면서 대권을 승계 받게 됩니다. 도요토미 히데요시는 1590년에 일본을 천하통일하고 그 세력을 이용해서 1592년 조선을 침공합니다. 바로 임진왜란이었습니다. 조선은 건국(1392년)된 지 딱 200년 후에 임진왜란(1592년)을 겪게 됩니다. 꿈이 컸던 도요토미 히데요시는 조선을 정벌한 후 중국을 먹고, 인도 정벌까지 꿈꾸었습니다. 도요토미가 1598년에 죽자 일본군은 조선에서 퇴각하였습니다. 도요토미는 병석에서 죽기 전에 5명의 다이로(높은 신하)를 불렀습니다. 그 중 한 명이 도쿠가와 이에야스였습니다. 그는 당시 2인자였고, 조선 침략에는 자신의 군대를 보내지 않았었어요. 5명의 다이로에게 자신의 아들 도쿠가와 히데요리를 지켜달라고 부탁했습니다.

도요토미 히데요시가 죽었음에도 2인자였던 '도쿠가와 이에야스(1543년~1616년)'는 나서지 않았습니다. 섣불리 나서서 공공의 적이 될 필요는 없었죠. 그는 느긋하게 기다렸습니다. 각 세력 간의 싸움에서도 중립을 지킬뿐이었어요. 도요토미 히데요리와 자신의 딸을 결혼시켰습니다. 그러던 중 1600년 결국 한판 싸움이 벌어졌고, 그는 승리하게 되어 1603년 쇼군이 되었고 평화시대를 열었습니다. 참고로 1600년은 영국이 동인도 회사를 만들어 식민지 건설에 박차를 가하던 해였고, 1603년 영국 엘리자베스 1세 여왕이 죽은 해입니다.

이들 셋에 대한 재미있는 이야기가 있습니다.

오다 노부나가는 불같은 성격의 다혈질이었습니다. 도요토미 히데요시는 지략가였고, 도쿠가와 이에야스는 대기만성형이었습니다. 손안에 새가 울지 않는다면 과연 이들은 어떻게 했을까요? 오다는 즉시 죽여 버렸고, 도요토미는 어떻게든 울도록 만들었고, 오쿠가와는 울 때까지 기다린다고 했습니다. 천하통일이라는 터는 오다 노부나가가 만들고, 그 터를 도요토미 히데요시가 닦고, 그 터 위에 통일이라는 집을 도쿠가와 이에야스가 지은 것입니다. 도쿠가와 이에야스는 이렇게 말했어요. "사람의 일생은 무거운 짐을 지고 먼 길을 가는 것과 같다. 서두르지 마라."

평화의 시대

일본은 1600년부터 도쿠가와 이에야스가 집권하면서 평화의 시대가 도래합니다. 그전까지는 만났다 하면 싸웠던 전국시대였고요. 도쿠가와 이에야스는 또다시 전국시대로 돌아가고 싶은 마음은 없었습니다. 자신이 권력을 잡은 상태로 평화롭게 지내고 싶었어요. 그래서 병농 분리 정책을 실행했고, 농민들은 칼을 소지하지 못하게 법을 만들었습니다. 또한, 사농공상이 서로 교류를 하지 못하게 하여 힘이 모이는 것을 방지했고, 쇄국정책을 실시하였습니다. 괜히 외국물 먹고 딴 생각할까 두려웠던 것입니다. 도쿠가와 이에야스는 도요토미 히데요시가 생전에 부탁했던 아들 도요토미 히데요리를 계속 살려두고 있었습니다. 그러나 시간이 흐르면서 이게 부담이 되었어요. 나중에 전복세력이 될 것이 분명했기 때문이었죠. 그래서 교묘한 작전을 세워 1614년 도쿠가와 히데요리를 공격합니다. 히데요리는 1615년 자결하고, 다음 해인 1616년 도쿠가와 이에야스도 죽게 됩니다. 도쿠가와 이에야스의 뒤를 이어 제3대 쇼군에 오른 아들 도쿠가와 이에미츠는 더 강력한 중앙집권을 구사했습니다. 가족들을 볼모로 잡았고, 다이묘끼리는 결혼을 못 하게 만들었으며 다이묘들이 1년은 영지에 1년은 수도 에도에 살게끔 하여 반란 획책을 사전에 방지하고자 했습니다.

　이렇듯 반란 획책을 사전에 방지하면서 평화의 시대가 도래하게 되었습니다. 평화스러운 에도시대는 상업이 발달하게 되었고, 그 덕에 상인 세력이 강성해졌으며 반대로 무사 계급이 쪼그라들게 되었습니다. 쇄국정책을 구사했지만 오로지 네덜란드만큼은 쇼군과 직접 교류하였습니다. 결국, 도쿠가와 이에야스가 집권하고부터 꾸준히 경제가 개발되어 1600년대 후반 즉 17세기 말은 경제가 아주 좋아졌습니다. 그러나 호경기가 있으면 불경기가 반드시 돌아오는 법이죠. 18세기 들면서 불경기가 도래했고, 대기근까지 겹쳤습니다.

개항

　1853년 7월 8일, 에도 만에 미국 페리가 이끄는 4척의 함대가 와서 개항을 요구했습니다. 일본은 잠시 시간 좀 달라고 부탁하였고, 다음 해인 1854년 1월 페리는 이번에는 7척의 함대를 이끌고 와서 개국(문호 개방)을 또 요구했습니다. 물론 강압적이었죠.

그해 3월 결국 미일 화친조약이 체결되었습니다. 물론 불평등 조약이었죠. 이걸 나중에 1876년에 일본은 조선에 그대로 써먹게 됩니다. 1876년 김구가 태어나던 해에, 일본과 조선은 강화도조약을 체결하게 됩니다.

1866년에 도쿠가와 요시노부가 15대 쇼군에 등극하고, 비슷한 시점인 1867년에 메이지가 122대 덴노로 등극하게 됩니다. 1868년 1월 1일 막부 세력과 덴노 세력이 한판 붙습니다. 덴노의 정부군은 신식 무기로 무장이 되어 막부군을 제압하는데, 협상으로 끝맺습니다. 일본은 和 사상이 있었기에, 외세가 끼어들기 전에 우리끼리 먼저 화해하고, 타협하자는데 합의했기에 평화스럽게 협상으로 끝맺게 되었습니다.

결과적으로, 쇼군의 시대는 저물고, 덴노(일왕)의 시대가 도래했습니다. 1868년 3월 덴노는 무혈입성하였고, **1869년 에도를 도쿄로 명칭을 바꾸었고, 수도로 선포했습니다.** 1868년은 메이지 덴노로 하여 메이지 유신이 시작되게 되었습니다. **메이지 유신으로 무사계급에서 상공인 중심으로 바뀌었고, 농경국가에서 상업국가로, 신분제에서 평등사회로, 사농공상**

의 4계급에서 귀족, 평민의 2계급으로 바뀌게 됩니다. 이때부터 평민이 성을 갖게 되죠. 즉, 메이지 유신은 신문화로의 일본 개혁이었습니다.

이 메이지 유신을 가능하게 했던 인물이 있습니다. 일본의 제일 큰 화폐인 1만 엔에 그려져 있는 사람으로, '후쿠자와 유키치(1835년~1901년)'입니다. 이 사람은 일본의 볼테르(18세기 프랑스 계몽기의 사상가)라고 불리는 사상가였습니다. 개혁을 주장했습니다. 막부의 정책에 대해서 반대하면서 새로운 시대로 나아가자고 주장하는 부분이 일왕(덴노)과 맞닿으면서 메이지 일왕이 그의 사상을 받아들이게 됩니다. 후쿠자와 유키치로 인한 사상적 개조와 함께 일본은 메이지 유신을 단행하게 되어 강대국으로 발돋움하게 됩니다. 즉, 1만엔 권의 주인공 '후쿠자와 유키치'가 있었기에 일본의 급성장이 이루어질 수 있었던 것입니다.

1871년 단발령을 실시, 2년간 유럽, 미국 견학 1876년엔 칼 차고 다니는 것이 금지되었고, 1873년엔 정한론이 대두되어, 1876년에 조선과 '강화도 조약'을 맺습니다. 1894년 동학운동을 계기로 한반도의 침략을 노골화합니다. 즉, 일본은 1853년 미국 페리

함장에게 개항을 맺고, 발 빠르게 개혁하여, 서양 제국들이 해온 것을 베껴서 국력을 신장시키게 됩니다. 1894년부터 시작된 청일전쟁, 1904년 러일전쟁에서 승리를 맛보면서 자신감을 얻게 되죠. 1854년 개국 후 100년도 안 돼서 조선에 그대로 그 전법을 써먹습니다.

1900년대

1910년 8월 29일, 우리나라는 일본에 흡수합병되면서 완전히 망하게 되고, 일본은 1911년이 돼서는 1854년 불평등 조약을 이제는 대등조약으로 바꿀 수 있게 됩니다. 외국에 배운 것을 도로 조선에 써먹으면서 일본도 식민지를 갖게 됩니다. 우리를 식민통치하면서 일본은 비약적으로 발전하게 됩니다.

1912년 메이지 덴노가 죽습니다. 123대 다이쇼 덴노가 등극합니다.

1914년 제1차 세계대전이 터지고, 일본은 전쟁 특수를 누립니다.

1918년 승전국이 되어 국력이 더 크게 신장합니다.

1919년 3월 1일 3.1운동이 일어납니다.

1923년 도쿄 대지진이 발생하였는데, 일본은 조선인들이 불 지르고 도시를 파괴한다고 유언비어를 퍼뜨려 조선인 대학살이 발생합니다.

1926년 124대 쇼와 덴노가 등극합니다.

1929년 미국 발 대공황이 시작됩니다.

1930년 일본도 그 영향을 받게 되었고, 1차 세계대전 후 유럽도 이제 생산성이 증대되었습니다. 이로 인해 일본은 타격받게 됩니다.

1931년 9월 18일 만주사변이 벌어집니다.

1932년 3월 1일 만주국이 설립되었습니다. 5월 군부가 수상을 암살하였습니다.

1936년 2월 일본 군부의 쿠데타가 또 발생했습니다. 이로써 군부와 우익세력이 덴노 중심의 정치를 실현하면서 군국주의로 치닫는데 한몫 거듭니다.

1937년 7월 중일전쟁이 발발되었습니다.

1939년 9월 독일이 폴란드 침공으로 제2차 세계대전이 발발했습니다.

1941년 12월 태평양 전쟁이 발발합니다.

1945년 8월 무조건 항복으로 패망했고, 미군의 지배를 받게 되었습니다. 맥아더는 일본을 개혁하고자 했습니다. 비군사화가 목적이었고, 동양의 스위스를 만들고자 했습니다.

그런데 1949년 중국이 공산화되었고, 1950년 6.25가 터졌습니다. 6.25는 일본에 엄청난 기회를 제공하게 됩니다. 동아시아가 공산화될 위기에 처하자 미국은 전략을 바꾸었습니다. 일본을 무장시켜 반공의 거점으로 삼으려 했습니다. 덕택에 일본은 다시 재무장되었고, 재개발되었고, 국력이 다시 신장하였습니다. 즉, 맥아더의 일본 수술은 실패로 돌아갔습니다. 일본에 공산주의는 아주 시기적절한 행운이었던 것이죠. 공산주의 덕택에 경제 대국 2위까지 오른다고 해도 과한 말이 아닐 것입니다.

1960년 4월 19일 한국에서는 4.19민주의거가 발생하고, 1960년 5월 일본에서는 500~600만 명의 안보조약 반대투쟁이 일어나지만, 시들해지면서 오히려 보수우익 자민당이 튼튼해지고, 일본의 사회운동은 거의 사그라들게 됩니다. 일본은 아래서부터의 개혁이 없는 국가임을 알 수 있습니다. 힘 있는 자들에게는 그대로 복종하는 것은 일본 민족의 특징입니다. 미국이 일본을 원자

폭탄 두 방으로 묵사발을 내놓자, 완전히 꼬리 내리는 일본의 모습을 보고 맥아더는 놀랐다고 합니다. 저항이 심할 줄 알았는데, 힘 있는 자에게는 완전 꼬리를 내려버리는 일본의 민족성에 대해 놀랐다고 했습니다.

일본은 경제가 호조를 보이며 경제부국으로 성장했지만, 1989년 버블이 붕괴되면서 경제 침체기로 빠져들게 됩니다. 여러 가지 정책을 펴보지만, 노인 인구는 점점 늘고, 경제 동력은 점점 사그라들어 2022년 현재까지도 경제의 침체기에서 벗어나지 못하고 있습니다. 과거에 일본이 다시 부상할 수 있었던 것은 이웃 나라 대한민국에서 전쟁이 터지면서 전쟁 특수를 이뤄낼 수 있었습니다. 일본은 이런 기억을 잊지 않고 있습니다. 계속적으로 침체기에 빠진다면 일본이 과연 전쟁이라는 마약을 먹지 않으리라는 법도 없습니다. 우리가 정신을 똑바로 차리고 살아야 할 이유입니다.

7-3. 대한민국

고조선이 BC2333년 단군왕검에 의해 시작됩니다. 보통 단군 조선이라고 부릅니다. 후에 중국에서 건너온 기자에 의해 기자조선이 되고, 또 중국에서 건너온 위만에 의해 위만 조선으로 이어집니다. 어떻게 보면 외국에서 넘어온 사람이 우리 조상들의 왕이 되었던 것이죠. 기자는 중국의 공자, 맹자 같은 성인이었습니다. 위만은 중국에 한나라가 통일할 무렵 연나라에 있다가 1천여 명의 무리를 이끌고 조선으로 건너옵니다. 그를 받아주었건만 그는 쿠데타를 일으켜 왕이 됩니다. 위만은 연나라에 포로로 끌려간 고조선 출신이라는 얘기도 있습니다.

후에 부여, 고구려, 백제, 신라가 나오게 되며, 고구려가 망하고 발해로 이어지고, 신라가 통일한 후 고려가 나오고 조선으로 이어지며 대한민국이 탄생하게 됩니다. 한국은 끄트머리에 위치한 관계로 중국에 비해 방어가 쉬웠습니다. 중국은 사방에 적으로 둘러싸여 한 왕조가 오래가지 못했습니다. 기껏해야 300년 정도였어요. 그에 반해 우리나라는 고려 500년, 조선 500년, 신라 1000년의 역사를 가지고 있습니다. 한 왕조가 오래 번성하였습니다만 그게 그리 좋은 것만은 아니었습니다. 물이 오래 고이면 썩게 됩니다. 즉, 고인 물이 되면, 발전과 개혁이 아무래도 떨어지게 됩니다.

8

중세 유럽의 몰락
- 흑사병으로 인한 중세의 마무리

중세 유럽의 두 축은 봉건 제도와 기독교입니다. 세월이 흘러 중세 유럽도 서서히 붕괴되어가는데, 직접적인 영향을 끼친 것이 있었으니, **그게 바로 십자군 전쟁이었습니다.**

십자군 전쟁은 1096년부터 1272년까지 176년간 총 8차례 일어납니다. 최초의 발발 원인은 그리스도교의 성지인 예루살렘 순례 풍습 때문이었어요. 예루살렘이 셀주크튀르크의 영역 안에 있자, 갈 수가 없었습니다. 그런 상황에서 이슬람 세력이 자꾸 침범해오고, 비잔틴 황제가 SOS까지 칩니다. 그러자 교황 우르반 2세가 안 되겠다 싶어 군사를 모으기 시작합니다. "성전을 준비하시오!!!"

명분은 '성지를 되찾자.'

하지만 실제 속내를 보면 각자의 실리 추구와 맞아떨어졌기에 가능했습니다.

교황: 동로마 제국을 자기 발아래 둘 생각이 있고,

왕: 왕권 강화를 할 목적이었고,

기사: 자신들의 위상을 높일 계획이었고,

상인: 이익을 높일 생각이었고,

농민, 농노: 신분 상승의 목적이 있었습니다.

1096년

그리하여 1096년 1차 공격이 시작됩니다. 십자군은 예루살렘을 탈환하게 되는데, 너무도 무자비하게 닥치는 대로 다 죽여 버립니다. 이는 기독교 정신에 위배가 되는 행위였죠.

1187년

그 뒤 세월이 흘러, 살라딘이 이집트에 이슬람 세력의 왕국을 건설하여 득세합니다. 살라딘은 예루살렘을 빼앗지만, 십자군처럼 학살하지 않습니다. 너그러운 정복자입니다.

1191년

3차 십자군 전쟁은 영국의 사자왕 리처드 VS 살라딘.

서로 적이었지만 서로 존경하고 예의를 갖추었습니다. 한편 리처드의 동생 존이 왕위를 찬탈하자 리처드 왕은 살라딘에게 휴전을 맺고, 돌아가서 로빈 후드의 도움으로 다시 왕위를 찾게 됩니다. 휴전 협정으로 예루살렘은 살라딘이 차지하되, 성전 방문을 자유롭게 하자는 협정이었어요. 그렇게 치고받고 다섯 차례를 더하여 십자군 전쟁이 끝나게 됩니다.

1303년

프랑스 왕은 무력으로 교황을 굴복시키고 교황청을 프랑스로 옮겨버리는데, 이를 '아비뇽 유수'라고 부릅니다. 꼭두각시 교황이 탄생한 것이며, 로마에서는 교황을 또 선출하여 교황이 2명이 되는 사건이 발생합니다. 교황의 권위가 땅에 떨어진 것이죠.

1346년

한편, 1346년부터 유럽에서는 흑해부터 시작하여 흑사병이 돌기 시작하는데, 유럽 인구의 1/3이 흑사병으로 죽게 됩니다. 사람이 많이 죽자, 노동력이 부족해지고, 노동력이 부족해지자 농노의 신분이 상승하는 계기가 됩니다.

1337년~1453년

백년전쟁은 영국과 프랑스 간의 싸움인데, 모직물과 포도주 이권과 왕위 문제로 일어났습니다. 영국은 프랑스에 많은 땅을 갖고 있었습니다. 그래서 사사건건 간섭을 했고, 싸웠고 약탈을 했어요. 영국의 대포는 프랑스를 잡아먹기에 좋은 무기였습니다. 그러나 프랑스에서는 '잔 다르크'가 있었어요. 잔 다르크는 신의 계시를 받아 전쟁에 참전하게 되고, 프랑스를 승리로 이끕니다.

영국은 백년전쟁이 끝나고 귀족 가문 간의 싸움이 30년간 벌어지는데 이를 장미전쟁이라고 부릅니다. 귀족 간의 싸움으로 덩달아 왕권이 강화됩니다.

복잡하죠? 이제 정리해 볼게요. **중세 유럽은 뭐라고 했죠? 봉건 사회 그리고 기독교.**

앞선 사건들로 인하여 교황의 권위가 땅에 떨어졌습니다. 성직자들의 권위도 떨어지게 되고, 교회가 타락하고, 면죄부를 사고팔기까지 하니 일반 군중들의 신앙심도 떨어지게 됩니다. 교황과 맞물려있던 봉건 영주들의 권한도 떨어지게 됩니다. 영주도 떨어지고, 기사 계급도 떨어집니다. 반대로 왕권이 상승하게 되고, 왕과 연대한 시민 세력이 떠오르고, 중세를 휩쓴 흑사병으로 인구가 줄자 노동력의 부족으로 농노의 세력도 향상됩니다.

봉건 사회는 왕의 간섭 없이 영주가 맘대로 하는 사회였지만, 위 일련의 사건과 사고로 인하여 왕권이 강화되어 가면서 중세 유럽은 서서히 붕괴하기 시작합니다. 옛날 카노바의 굴욕과는 정반대의 현상으로 가고 있는 것이죠. 봉건영주와 교황은 지고, 왕권이 강화되었습니다. 근세를 맞게 됩니다.

근세 유럽
- 르네상스로 시작된 근세

중세 유럽이 신 중심이었다면, 근세 유럽은 인간 중심입니다. 그간 신을 최고의 가치로 보고, 권위적이며, 딱딱하고, 율법을 최고로 치는 가치관에서 좀 더 인간적이며 이성적인 문화로 바뀌게 된 것이죠. 그래서 니체는 이러한 현상을 "신은 죽었다."라고 말했습니다. 보통 15세기부터 영국의 산업혁명(1760년대)까지를 이릅니다.

근세 유럽의 시작을 알리는 것의 대표적인 세 가지 표징(表徵)

들이 있습니다.

1. 르네상스 운동
2. 종교개혁
3. 신항로 개척

9-1. 르네상스 운동

르네상스 운동은 14세기에서 16세기에 이르는, 과거 **신 중심에서 인간 중심으로** 만물을 이해해 보자는 문화의 움직임입니다. 권위적이지 않은 자유로움이 대표적 표징이죠. 르네상스는 프랑스어로 '부흥, 재생'이라는 뜻을 품고 있는데, 사라져간 것들을 되살리자는 뜻입니다. 사라져간 것들은 무얼 말하는 것일까요? 과거 인간적이었던 그리스 로마 문화를 말합니다.

또한, 르네상스가 도래한 이유 중 하나는 흑사병(페스트)입니다. 1346년에 창궐해서 7년간 엄청난 피해를 입혔는데, 많은 사람이 죽었습니다. 유럽의 1/3 이상의 사람이 죽었어요. 그러니 사람들이 의심하기 시작합니다. '신이 우리를 버렸나? 우리를 지켜주지 못하네?' 신에 의존하는 태도를 버리게 됩니다. 또한, 많은 사람이 죽어서 일할 사람이 부족하여 사람에 대한 존중이 생기게 됩니다. 아무리 귀족이라고 해도 일할 사람이 부족하면 일꾼들에게 대접을 더 해줘야 했기 때문입니다.

르네상스 시대의 3대 발명품으로는 나침반, 화약, 인쇄술이 있습니다.
 1) **나침반**: 신항로를 개척하는 데 쓰임.
 2) **화약**: 전쟁의 방법을 변화시킴.
 3) **인쇄술**: 금속활자의 발명으로 인쇄술이 개발되어 많은 책을 많이 찍어 낼 수 있게 되어 종교개혁에도 큰 영향을 줌.

9-2. 종교개혁

두 번째로 종교개혁을 들 수 있습니다. 그리스도교가 많이 타락하자 당연한 순서입니다. 왕 또한 찬성합니다. 왜일까요? 교황의 권위가 떨어지면 자연히 자신의 권위가 오르기 때문입니다.

종교개혁은 교황, 성직자의 권위를 부정하고, 성서 중심으로 신앙생활을 하자는 운동이었어요. 마르틴 루터의 '95개조 반박문'으로 시작하여 '장 칼뱅(1509년~1564년)'이 보다 체계화했습니다. 칼뱅은 성서에 없는 교리, 의식을 없애고 설교, 기도, 찬송가만 하는 간결한 예배법을 만들었습니다. 그래서 개신교(프로테스탄트 교회)가 탄생합니다. 종교개혁이 가능했던 이유는 종교개혁 직전에 구텐베르크의 금속활자 인쇄술이 개발되었기 때문입니다. 금속활자를 이용해 루터의 95개조 반박문을 포함한 루터의 서적을 대량으로 인쇄해서 퍼뜨릴 수 있었거든요. 즉, 종교개혁 직전에 인쇄술이 개발되었는데, 이 인쇄술로 인해 종교개혁은 성공할 수 있었던 것입니다.

영국에서도 종교개혁이 일어나는데, 좀 색다릅니다. 영국 국왕 헨리 8세는 이혼하려고 하는데, 교황이 허락하지 않습니다. 그러자 그는 영국 안에 있는 모든 교회는 교황의 말을 따르지 말고, 자신의 말을 따라야 한다고 선포하면서 '영국 국교회(성공회)'를 만듭니다. 한국에도 천주교 성당과 비슷하게 생겼지만 조금 다른 성당들이 보입니다. 자세히 보면 '성공회'라고 쓰여 있으니 한 번 살펴보세요. 가톨릭 신부님은 결혼을 못 하지만, 성공회 신부님은 결혼할 수 있습니다.

이렇듯 가톨릭에서 개신교, 성공회가 분화되어 나오자 **가톨릭을 지키기 위해서 '예수회'가** 1540년에 창설됩니다. 이들의 활약으로 개신교의 확장을 막을 수 있었습니다. 후에, 가톨릭과 개신교는 약 100년간 종교전쟁을 벌이죠. 참고로, 재미있는 사실은 이 예수회의 활약으로 일본에 소총이 공급됩니다. 예수회는 종교단체의 얼굴과 함께 무역상으로, 일본에 무기를 판매해서, 오다 노부나가 때 일본이 군사혁명을 이룩하는 데 도움을 줍니다. 그걸로 도요토미 히데요시는 임진왜란(1592년)을 일으켜 조선을 쳐들어오죠.

9-3. 신항로 개척

신항로의 개척이 필요해집니다. 왜일까요? 오스만튀르크가 1453년 동로마를 멸망시키고 유럽과 동방의 중간을 막고 섰거든요. **오스만튀르크는 무역활동을 별로 좋아하지 않았습니다.** 그러니까 유럽 사람들은 다른 무역로를 뚫어야만 했어요. 특히 그간

변방에 있던 포르투갈, 에스파냐가 적극적이었습니다. 에스파냐는 이탈리아 사람 '콜럼버스(1451년~1506년)'로 하여금 신항로를 개척하게 합니다. 콜럼버스는 서쪽으로 떠나는데 약 두 달 만에 섬에 안착합니다. 그는 그곳이 인도라고 착각해서 원주민들을 '인디언'이라고 불렀습니다. 그러나 그곳은 바하마 제도의 한 섬이었습니다. 지금의 쿠바, 도미니카공화국 근처의 섬입니다.

이렇듯 수많은 탐험가에 의해 신항로가 개척되고, 신대륙이 발견되고, 그로 인해 식민지가 생겨나게 하면서 정복 전쟁이 일어나고, 식민지에서 탈취해온 것으로 유럽 경제가 부흥하게 됩니다. 무역의 중심이 지중해에서 대서양으로 바뀌기 시작합니다.

여기까지를 요약해 볼까요?

1096년에 시작되어 약 200년간 총 8차례의 십자군 전쟁이 끝날 때쯤부터 중세 유럽은 서서히 몰락의 길을 걷게 됩니다. 여기에 덧붙여 1346년 페스트가 확산되면서 인구가 크게 줄어듭니다. 그러면서 신 중심에서 인간 중심으로의 운동이 불고, 그게 바로 르네상스 운동입니다. 교황의 권위가 떨어졌으니, 당연히 종교개혁이 태동하게 되었고, 왕권이 강화되니 경제적 충

당이 필요했을 것이고, 신항로 개척으로 식민지 개발이 이루어
지게 됩니다.

절대왕정

교황의 권위가 땅에 떨어지면서 왕의 권위가 올라가는데, 이를
절대왕정, 절대주의 시대라고 부릅니다. 국왕은 새로운 부호인 시
민 세력과 연대하여 경제적 기반을 마련하고, 시민 세력들을 옹
호해 줍니다. 신항로 개척을 통한 식민지 개발로 식민지에서 들
어오는 물품에 관세를 매겨 왕권을 더욱 공고히 합니다. 급기야
왕권신수설(왕의 권한은 신에게 부여받았다.)이 나오게 됩니다. 이제 각
나라 마라 절대왕정 시대를 살펴보도록 하겠습니다.

에스파냐

'펠리페 2세(재위 1556년~1598년)' 때 최고 전성기를 맞습니다.
1571년 레판토 해전에서 오스만튀르크를 격퇴합니다.

영국

'엘리자베스 1세(재위 1558년~1603년)' 때 최고 전성기를 맞습니다.

프랑스

태양왕 '루이 14세(재위 1643년~1715년)' 때가 가장 절정이었습니다. 그는 베르사유 궁전을 짓기도 하면서 엄청난 권력을 소유했습니다.

신성 로마 제국

신성 로마 제국에 대해서는 다시 한번 복습해 보겠습니다.

프랑크 왕국이 서, 중, 동프랑크로 분열되었습니다. 동프랑크의 오토 1세가 마자르족을 잘 막아내자 로마 교황이 그에게 황제의 왕관을 씌워줍니다. 이때가 962년이고, 이때부터 로마 제국으로 불리게 됩니다. 신성이라는 단어는 나중에 붙은 거지 이 당시에는 그냥 '로마 제국'으로 불렀습니다.

그런데 신성 로마 제국은 300개의 영방 국가로 쪼개집니다. 그러다가 '30년 전쟁(1618년~1648년)'을 거치면서 영방 국가들이 독립하고, '나폴레옹(1769년~1821년)' 시대를 거치면서 소멸하게 됩니다. 이때가 1806년이었습니다.

30년 전쟁

신성 로마 제국에 대해서 좀 더 들어가 보겠습니다.

신성 로마 제국의 황제가 개신교를 탄압하자 신교 VS 구교의 전쟁이 일어납니다.

덴마크, 네덜란드, 프랑스는 신교 편을 들고, 에스파냐는 구교 편을 들어 국제전이 30년간 발생합니다. 그 후 1648년 베스트팔렌 조약으로 인해 신교를 인정하였고, 신교를 믿었던 영방 국가들, 네덜란드, 스위스도 각기 독립을 하게 됩니다. **특히 독립한 영방 국가인 프로이센 왕국을 주목할 필요가 있습니다. 프로이센은 독일의 모태이기 때문이죠.** 프로이센은 300여 개의 영방 국가를 통일하고 싶어 했습니다.

러시아

'표트르 대제(재위 1682년~1725년)'때 러시아는 제국으로 발전합니다.

근세는 봉건사회에서 절대왕정으로 변하면서 시민들의 입김이 세지기 시작합니다. 과학이 발전되고, 산업이 발전하고, 인쇄술의 발달로 시민들의 의식이 깨어나기 시작한 것이죠. "인간은 평등하다. 아니 왜 왕과 귀족들만 저렇게 떵떵거리고 사는가?"에 대한 의심이 생기면서 시민들의 의식이 바뀌기 시작합니다. 중세 〉 근세 〉 근대 〉 현대로 역사가 이어져 오는 겁니다.

다시 정리하면,

중세는 서로마가 멸망(476년) 하면서 시작되었고, 흑사병(1367년)으로 인구가 크게 줄면서 끝납니다. 중세는 신 중심이었고, 봉건 사회였죠. 중세가 지고 근세가 도래합니다. 근세를 알리는 대표적인 표징(表徵)이 르네상스입니다. 근세는 영국 산업혁명 전(1760년대)까지를 이릅니다. 인구가 크게 줄었으니, 당연하게 인간 중심적이었고 왕권이 강화되고, 더불어 시민의 권리가 증진되는 시기입니다. 영국의 산업혁명(18세기)이 일어나

면서 근대가 도래합니다. 근대는 보통 '제1차 세계대전(1914년
~1918년)'까지로 봅니다. 그 후는 현대의 역사로 기록됩니다.

유럽 주요국의 근세 시민사회를 간략히 알아보겠습니다.

영국: 청교도혁명, 명예혁명

미국: 영국으로부터 독립

프랑스: 시민 혁명으로 공화국 세움

러시아: 농노 해방

독일: 독립 국가로 통일

이탈리아: 독립 국가로 통일

영국

1603년 엘리자베스 1세가 죽고, 다음의 왕들은 가톨릭과 청교
도를 탄압했습니다. 또한, 절대왕권을 휘둘렀습니다. 그래서 청교
도들은 영국을 떠나 아메리카로 가버리고, 결국 의회와 왕 사이
의 전쟁이 벌어집니다. **1649년 왕**(찰스 1세)**은 처형되고, 공화정**(대
표를 국민이 뽑음)이 실시됩니다. 이를 청교도혁명이라고 부릅니다.
왜냐고요? 의회의 의원들이 거의 청교도였기 때문입니다.

청교도는 뭘까요?

영국의 칼뱅주의라고 보면 됩니다. 신교처럼 의식과 예식을 없애자고 주장했어요. 하지만 엄격한 종교적 규율에 따라 생활하는 집단입니다.

근데 청교도 사람들이 정치하니 어찌 되었을까요? 너무 규율이 엄격했습니다. 그래서 국민이 조금씩 청교도 의회에 대해서 반감이 생기기 시작합니다. 그러다가 찰스 2세, 제임스 2세가 왕위를 이어받는데, 이들이 또 한 성격들 하십니다. 그러니 국민이 다시 의회 쪽으로 기웁니다. 이 틈을 놓치지 않고, 의회는 제임스 2세의 딸과 그의 남편을 왕으로 모십니다. 그래서 평화롭게 왕권 교체가 이루어집니다. 이걸 명예혁명이라고 부릅니다. **1688년 명예혁명으로부터 왕은 군림하되 지배하지 않는 현재 영국의 모습이 그려지기 시작한 것이죠.** 영국은 청교도혁명과 명예혁명을 통해 절대왕정이 무너지고 근세 시민사회가 도래하게 됩니다.

미국

영국의 '제임스 1세(재위 1603년~1635년)' 때, 1620년 영국의 청

교도 사람들이 못 살겠다며 메이플라워(5월의 꽃)호를 타고 북아
메리카(미국)로 향했습니다. 그들은 그곳에서 정착하고 살았는데,
영국에서 간섭이 심했죠. 세금도 걷었습니다. 그러다가 1773년
보스턴 차 사건이 발생합니다. 영국인들은 홍차를 좋아했는데,
홍차의 전매특허를 동인도 회사가 독점하게 되자, 미국에 살던
영국인들이 인디언으로 변장해서 보스턴 항구에 들어온 영국
배를 습격합니다. 1775년 결국 영국과 식민지 영국인 간 전쟁이
벌어지고, 1776년 독립선언을 하고, 영국을 시기하던 다른 나라
(프랑스, 에스파냐, 네덜란드 등)의 도움으로 1783년 승인을 받습니다.
1787년 아메리카 합중국이 탄생합니다.

프랑스

프랑스는 총 5번의 공화제를 실시하는데 그 첫 번째는 다음과
같습니다.

1793년 루이 16세와 마리 앙투아네트가 단두대에 처형되
면서 제1공화제가 시작됩니다. 이를 프랑스 혁명이라 부릅니
다. 그리고 나폴레옹이 1799년 쿠데타를 일으켜 프랑스 혁명
의 뜻을 그대로 잇게 됩니다. 나폴레옹은 1814년 엘바섬(이탈리

아 서쪽)으로 귀향 가게 되고, 다시 왕정으로 복귀됩니다. 그러나 나폴레옹은 1815년 다시 파리에 입성하여 황제가 됩니다. 그러나 95일 천하. 다시 유배를 갑니다. 세인트헬레나섬으로요. 아프리카 서쪽에 있습니다. 그가 몰락하자 또 왕정이 복귀됩니다. 1830년 7월 혁명, 1848년 2월 혁명으로 또 공화제가 시작됩니다. 그렇게 총 5번의 공화정과 왕정의 반복으로 지금 프랑스가 있게 됩니다.

이 나폴레옹이 중요한 이유가 있습니다. 나폴레옹은 영국과 러시아를 제외하고 거의 유럽을 점령하는데, 그가 가는 곳마다 프랑스 혁명의 상징인 '자유와 평등' 사상이 뿌려졌습니다. 또한 '민족주의' 사상도 생겨나게 합니다. 민족주의 하니까 좀 더 이야기해 볼게요. 게르만족은 유대인들을 싫어했습니다. 그 이유가 있습니다. 게르만족은 서로마를 멸망시키면서 로마 가톨릭을 믿게 됩니다. 가톨릭은 예수를 믿는 그리스도교죠. 유대인이 믿는 유대교는 예수를 인정하지 않습니다. 오히려 그를 십자가에 못 박아 죽게 하였죠. 원론적으로 기독교인 게르만족이 유대인을 미워할 수밖에 없는 것입니다. 그래서 나치 독일에서 유대인을 학살한 거예요.

▲ 나폴레옹

이탈리아

나폴레옹이 점령하면서 민족주의가 태동합니다. 영방 국가였던 이탈리아에 통일의 기운이 돌기 시작하여 1870년 통일이 이루어집니다.

독일

독일 또한 영방 국가였는데, 프로이센의 빌헬름 1세가 철혈재상 '비스마르크(1815년~1898년)' 총리의 도움으로 1871년 독일 제국으로 통일합니다.

근현대
- 영국의 산업혁명으로 시작된 근현대

10

18세기(1760년) 영국에서 산업혁명이 일어났습니다. 농업 기술도 발전되었습니다. 뭔가 풍요로운 시대가 도래한 것입니다. 이에 따라 인구도 2배 이상 급속히 증가하게 됩니다. 산업혁명은 기계의 개발로 대량생산이 가능해졌다는 의미입니다. 당시 영국은 해외 식민지 개발에도 힘썼던 시기입니다. 해외에서 원재료를 가져다가 유럽의 인구 증가로 인해 수요가 늘자 저절로 기계 개발의 산업혁명이 일어났던 것입니다. 인구가 늘자 먹고살기 힘들었던 사람들은 메이플라워호를 타고 미국으로 떠나게 됩니다.

1789년에는 프랑스에서 혁명이 일어납니다. 프랑스 혁명은 국민이 먹고살기 힘들어서 벌어진 것입니다. 막대한 세금을 거두자 거기에 불만을 품은 시민이 일으킨 것입니다. 프랑스에서도 영국의 산업혁명에 뒤따라 동참하게 되어 중소자본가, 노동자 계급이 성장합니다.

한편 러시아에서는 근대화가 진행되지 않았어요. 우크라이나 지방의 풍부한 옥토를 통해 농업대국인 러시아 입장에는 산업혁명이 별로 필요하지 않았습니다. 풍부한 식량과 많은 인구로 러시아는 이미 강대국이었습니다. 지금의 중국처럼 인구가 많으면 강대국이 쉽게 될 수 있습니다. 러시아는 영국의 산업혁명이 있고 100년이 흘러서야 근대화에 박차를 가합니다.

영원한 1등은 없는 법입니다. 영원할 것만 같았던 영국의 국력도 미국과 독일에 추월당하고 맙니다. 1850년에 유럽 각국의 부의 비중을 보면, 영국(70%), 독일(4%), 프랑스(12%), 러시아(7%)이던 것이, 1910년이 되자 영국(30%), 독일(39%), 프랑스(12%), 러시아(10%)로 됩니다. 독일이 영국의 국력을 넘어서게 된 것입니다. 1871년 통일된 독일의 철혈재상 비스마르크의 균형 외교와 경제

개발에 힘입었기 때문입니다. 이랬던 것이 1940년에는 영국(24%), 독일(36%), 프랑스(9%), 러시아(28%)로 러시아의 국력이 급상승하게 됩니다. 제2차 세계대전을 겪으며 러시아가 급속히 성장하면서 제2차 세계대전이 종결된 뒤에는 미국과 러시아(소련)의 양강 체제인 냉전시대가 도래합니다.

비스마르크는 균형 외교를 통해 이웃나라 프랑스를 견제하기 위해 러시아와 손을 잡았습니다. 늘 후진국이었던, 카이사르마저도 버렸던 독일을 비스마르크라는 위대한 재상에 의해 강대국의 반열에 올려놓았던 것이지요. 앞서 봤던 프로이센의 왕은 빌헬름 1세였습니다. 그는 통일 독일의 황제가 되기를 꺼려 했어요. 그저 편하게 프로이센의 왕으로 만족했었습니다. 그러자 재상 비스마르크가 그런 왕을 설득하여 독일을 통일하고 그를 황제로 만들어주었습니다. 균형 외교를 통해 전쟁의 안심 속에서 활기차게 경제개발을 시행하여 강대국으로 우뚝 설 수 있었던 것입니다. 또한, 세계 최초로 복지정책(의료보험, 산재보험, 공적연금)을 마련합니다. 지금의 강대국 독일이 있을 수 있었던 이유는 비스마르크의 공이 크다 하겠습니다. 하지만 동시대인이었던 니체는 이런 비스마르크를 비판하기도 했죠. 2003년 11월 독일 공영 TV ZDF는 '가장 위대한 독일인 100인'을 여론조사를 통해 선정하였는데, 여기에 비스마르크는 9위에 오릅니다.

재미있는 일화가 있습니다. 빌헬름 1세의 아들인 프리드리히 3세가 "왜 저런 자를 옆에 두고 계시냐?"라며 비스마르크를 비난했습니다. 그러자 빌헬름 1세는 "그가 무례한지는 나도 잘 알고 있지만, 그가 있으니까 우리 독일이 이렇게 발전할 수 있는 것이다."라고 말했다고 합니다. 빌헬름 1세의 군주다운 너그러운 모습으로 인해 비스마르크가 날갯짓을 활짝 했던 것이라고 봅니다. 프리드리히 3세 역시 비스마르크를 재상(총리)으로 계속 고용했습니다. 그래서 독일은 지속적인 발전이 있었죠. 그러나 프리드리히 3세는 오래 살지 못했습니다. 황제가 되고 99일 만에 죽습니다. 그의 아들 빌헬름 2세가 황제에 오릅니다. 그는 비스마르크를 총리에서 내쫓습니다. 20년간 독일을 위해 봉사했던 비스마르크는 그렇게 정계에서 은퇴합니다. 그가 했던 균형 외교에 균열이 생기며 제1차 세계대전의 전조가 됩니다.

근데 왜 비스마르크를 철혈재상이라고 불렀을까요? 그는 독일의 통일은 오로지 철과 혈(피)로서만 달성된다고 말했거든요. 강력한 카리스마가 느껴집니다. 그러나 아이러니하게도 그는 세계 최초로 복지정책을 만들어냅니다.

빌헬름 2세는 해외로 진출하고 싶었습니다. 후발국인 독일은 식민지가 거의 없었거든요. 이제 강대국이 되었으니 거기에 걸맞게 많은 식민지를 가지고 싶어 했습니다. 이런 야욕이 주변 국가를 긴장하게 만들었습니다. 비스마르크 시대의 동맹이었던 러시아가 등을 돌리는 계기가 되었고, 늘 경쟁관계였던 프랑스는 오히려 러시아와 동맹을 맺게 됩니다. 이런 독일은 오스트리아와 동맹을 맺고, 영국도 이런 독일이 싫어 프랑스, 러시아와 동맹을 맺습니다.

1914년 세르비아의 민족주의자 청년이 오스트리아 왕가의 황태자 부부를 암살하는 사건이 벌어집니다. 그래서 오스트리아는 전쟁을 선포합니다. 그런데 세르비아는 슬라브 민족이었거든요, 슬라브 민족의 대장은 러시아였습니다. 러시아는 세르비아를 보호해 주려고 했습니다. 오스트리아는 독일을 믿고 전쟁을 벌입니다. 이것이 바로 제1차 세계대전입니다. 러시아와 동맹을 맺은 프랑스-영국과 독일-오스트리아가 한판 붙게 되는 것입니다. 처음에는 독일의 선공으로 전쟁이 유리했습니다. 당시 미국은 전쟁에 참전하지 않고 연합국(프랑스, 영국, 러시아)에 전쟁 자금만 빌려주었습니다. 근데 전쟁이 불리하게 가자 돈을 못 받을까 봐 덜컥 겁이 났어요. 또한, 전쟁 중인 1917년 러시아에서는 공산당 혁명이 일어나 혼란에 빠집니다. 더는 안 되겠다 싶어 미국은 참전하게 되고, 연합국의 승리로 제1차 세계대전은 1918년 끝나게 됩니다.

패전국 독일은 베르사유 조약으로 해외 식민지를 전부 포기했고, 알자스로렌느 지방을 프랑스에 넘겨주었습니다. 또한, 군비가 제한되었고, 엄청난 배상금을 지급하게 되었습니다. 경제가 파탄난 것입니다. 오랜 세월 후진국에 있다가 이제 좀 잘 살아보려고 하는데, 전쟁 한번 잘못해서 다시 못 사는 나라가 된 것입니다. 제1차 세계대전 패전 후 민주적인 바이마르 공화국이 생깁니다. 경제가 엄청나게 안 좋았습니다만, 미국에서 경제 원조를 해주었습니다. 하지만 이 원조도 1929년 대공황 때는 제대로 되지 않았습니다. 바이마르 공화국은 경제를 살려보겠다고 돈을 마구 찍어냈습니다만, 그게 오히려 인플레이션을 부추겨 경제는 더욱 어려워졌습니다. 이때 등장한 사람이 '히틀러(1889년~1945년)'입니다.

전쟁은 유럽 땅에서 벌어졌습니다. 연합국에 소속된 미국은 본토에는 영향을 받지 않았습니다. 미국이 두각을 나타내게 됩니다. 차분히 힘을 길러 제1차 세계대전의 전쟁 특수로 세계 제일의 강대국이 된 것입니다. 미국 주도의 세계 경제로 재편됩니다. 1917년 러시아에서는 혁명으로 레닌의 소련(소비에트 연방)이 생겨납니다. 세계 최초의 공산주의 국가가 탄생한 겁니다. 이와 비슷하게 제1차 세계대전이 끝난 1918년에 승리국인 미국이 자본주의를 대표하게 됩니다. 그러나 1929년 '세계 대공황(1929년 ~1939년)'이 옵니다. 자본주의의 부작용이었습니다. 대공황은 물건을 많이 만들어내는데, 소비가 제대로 이루어지지 않을 때 발생합니다. 공산품은 쌓여만 가고, 그 물건들을 사지 않으니 경제가 마비되는 것입니다.

한편 1917년 공산당 혁명을 통해 레닌의 소련이 탄생했는데, 1924년 레닌이 병으로 죽습니다. 후계자를 정해 놓지 않은 상황에서 스탈린이 정권을 잡고 독재를 시작합니다. 1929년 세계 대공황으로 자본주의 세력에서는 엄청난 고통을 받지만, 공산주의 계획 경제하에서는 영향을 거의 받지 않았습니다. 이에 스탈린의 계획경제는 힘을 받게 됩니다.

자본주의 미국에서는 발등에 불이 떨어졌습니다. 루스벨트 대통령은 뉴딜정책을 제시합니다. 국가가 나서서 경제를 살리겠다는 케인스 경제정책이었습니다. 애덤 스미스의 '보이지 않는 손'으로 유명한 경제를 시장에 맡기는 방식에서 벗어나 국가가 개입해서 경제를 살리자는 정책입니다. 국가가 개입한다는 의미는 국가에서 양적 완화를 통해 돈을 풀고, 기간산업을 일으켜 고용을 증진시켜 경제를 활성화시키려는 움직임입니다. 그런 와중에 미국 경제에 도움이 될만한 사건이 다가오게 됩니다. 바로 제2차 세계대전입니다.

독일은 미국보다 더 힘들다고 했죠? 미국의 자본이 1929년 세계 대공황으로 인해 독일에서 빠져나가게 되니, 독일은 더 힘들어졌습니다. 간신히 미국의 원조를 받고 있었는데, 그마저도 못 받게 되었으니까요. 그때 히틀러라는 사람이 국민을 현혹하며 나서게 됩니다. 독일에서는 그런 영웅이 필요한 시기였습니다. 1933년 히틀러는 수상이 됩니다. 고속도로 건설 등 공공사업과 기간사업 군수산업에 예산을 투입하여 경제를 신속히 살리게 됩니다. 미국의 뉴딜정책과 비슷한 겁니다. 이에 히틀러는 국민의 지지를 한 몸에 받습니다.

이에 힘을 받아 히틀러는 오스트리아를 합병합니다. 비스마르크 시절 통일 독일을 완성했을 때 사실 독일 북부만의 통일이었습니다. 남부에는 오스트리아가 있었는데, 같은 게르만족인 오스트리아도 통일하고 싶었지만, 현실적인 감각이 좋았던 외교의 달인인 비스마르크는 북쪽의 통일에만 만족했었습니다. 이를 안타까워했던 나머지 히틀러는 오스트리아를 병합하게 됩니다. 후에 체코슬로바키아도 점령합니다. "우리도 강대국으로 잘 살아보자!" 히틀러의 외침에 독일 국민이 다들 미쳤던 시기였습니다.

독일은 일본과 이탈리아와 동맹을 맺고 전쟁을 시작하고, 일본도 독일과 마찬가지로 메이지 유신을 통해 선진국의 반열에 뒤늦게 들어 식민지가 거의 없었습니다. 그리하여 독일과 맞닿은 부분이 있어 독일과 동맹을 맺고 전쟁을 벌이게 됩니다. 일본은 미국의 진주만(하와이)을 습격하게 되면서 미국의 참전으로 다시 연합국의 승리로 끝납니다. 이로 인해 미국은 다시 경제를 부흥시키고 자본주의 대장 나라로 굳건히 서게 되고, 소련은 제2차 세계대전을 통해 강대국이 되면서 공산주의 대장 나라로 우뚝 서게 됩니다. 이로써 냉전의 시대가 도래합니다.

1929년 세계 대공황에 피해가 거의 없었던 소련은 지속적으로 공산주의 체제를 유지하며 미국과 냉전의 시대를 거칩니다. 그러나 공산주의는 이상적인 이론이었습니다. 자기의 것이 없으면 열심히 일하려 하는 사람의 본성을 알지 못했던 것이지요. 열심히 일하건, 대충 일하건 월급이 똑같으면 누가 열심히 하겠습니까? 그래서 공산주의는 1991년 붕괴합니다. 그러면서 냉전의 시대는 막을 내리게 되며, 미국은 세계 1등 국가로 우뚝 서게 됩니다.

소련이 지고 나니 중국이 떠오르기 시작했습니다. 중국의 '덩샤오핑(1904년~1997년)'은 1978년 개방정책을 실시했습니다. 그동안 폐쇄적인 정책을 펴다가 잘 살고 싶어 개방정책을 선택하게 되었습니다. 정치적으로는 공산당이지만, 경제적으로는 자본주의를 받아들인 것입니다. 그로 인해 중국의 경제는 엄청난 인구에 힘입어 쭉쭉 발전하게 됩니다. 2022년 GDP는 미국(20.9조 달러)에 이어 세계 2위(14.7조 달러)를 차지했습니다. 이제는 미국과 중국의 대결 시대로 접어들었습니다. 수십 년 후에 중국이 미국을 앞선다는 주장이 있고, 계속 미국이 세계 1위를 고수하면서 미국 주도의 시대가 지속될 거라는 말도 있습니다. 중국의 목표는 미국을 넘어 세계 1위의 국가가 되어 과거 서양의 로마 제국과 쌍벽을 이루었던 '한'나라의 영광을 되찾으려는 것입니다. 참고로 우리나라는 1.6조 달러로 러시아보다 높습니다. 우리나라도 강대국이 되었습니다. 러시아를 이겼잖습니까. 자랑스러운 대한민국입니다. 2015년 골드만삭스는 우리나라가 통일되면, 앞으로 50년 후에 세계 2위의 경제대국이 될 거라는 전망을 내놓았습니다. 또한, 세계 3대 투자자 중 한 명인 짐 로저스도 통일이 되면 세계 2위의 경제대국이 될 거라고 말한 바 있습니다. 김구 선생님께서 꿈꾸신 문화강국이 된 대한민국, 여기에 통일까지 더하면 세계 2위의 경제강국도 가능할 것입니다. 여러분, 우리는 할 수 있습니다.

2부

주요국가 역사

1

스위스
- 영원한 중립국

언어

스위스의 공용어는 무려 4개나 됩니다. 독일어, 프랑스어, 이탈리아어, 레토로망스어(로만슈어)가 있습니다. 근데 이 네 가지 언어가 동시다발적으로 한 장소에서 사용되는 것은 아닙니다. 지역마다 사용하는 언어가 다르죠. 즉, 독일어만 쓰는 지역이 따로 있고, 프랑스어만 쓰는 지역이 따로 있습니다. 고로, A 지역 사람이 B 지역에 가면 전혀 말이 통하지 않아요. 국민끼리 소통이 되지 않는 나라가 바로 스위스입니다. 독일어 75%, 프랑스어 18%, 이탈리아어 6%, 레토로망스어(로만슈어) 1%를 차지합니다.

민족

스위스 민족은 어디서부터 시작되었을까요? 옛 스위스 땅에도 게르만 민족이 살았습니다. 좀 더 구체적으로 보자면, 게르만 민족의 한 갈래인 켈트족 중, 헬베티아족이 살았습니다. 게르만 민족의 한 갈래로 노르만족도 있고, 켈트족도 있고 여러 족이 있습니다. 그러니 통틀어 그냥 게르만 민족 하면 웬만하면 다 맞습니다. 이탈리아 계통(곱슬, 검은 머리, 약간 검은 피부)은 라틴 민족이고요. 러시아 쪽은 슬라브족입니다. 참고로 프랑스 민족은 게르만 민족의 한 갈래인 켈트족 중 갈리아족으로 구성된 나라죠.

특징, 지리

스위스 하면 뭐가 제일 먼저 떠오르나요? 세계에서 가장 정확하다는 스위스 시계, 검은 돈이 흘러 들어가는 스위스은행, 알프스산맥, 요들송, 스키, 추운 곳, 각종 국제기구가 존재하는 곳, 동계 올림픽의 나라, 같은 국민끼리 말이 통하지 않는 나라, 투표율

(40%)이 가장 적은 나라, 중립국, 선진국, 부자 나라, 국적을 제일
얻기 힘든 나라입니다.

스위스는 북으로는 독일, 서쪽으로는 프랑스, 남쪽으로는 이탈
리아, 동쪽으로는 리히텐슈타인이라는 소국, 그 주변을 둘러싸고
있는 오스트리아와 자리하고 있습니다. 강대국의 틈바구니에서
살아남았던 스위스 그들은 어떻게 중립국의 위치를 보장받을 수
있었을까요? 힘 없이는 중립국을 표방할 수 없었을 테죠. 다 힘
이 있으니까 중립국 선포도 가능했던 것입니다. 스위스는 이탈리
아와의 접경인 지역에 알프스산맥으로 이루어졌고, 독일과는 비
교적 평지로 접경을 이루고 있습니다.

로마 제국 〉 게르만 민족 대이동 〉 서로마 제국 멸망 〉 프랑크 왕국 〉 1273년 스위스 동맹

기원전에 로마 제국의 카이사르가 스위스 땅을 접수했습니다.
로마 제국은 동로마와 서로마로 분열되었고, 게르만 민족이 훈족
을 피해 서쪽으로 이동을 해왔고, 476년 서로마 제국이 멸망했
고, 그 땅을 게르만 민족의 프랑크 왕국이 지배했습니다. 독일 역

사와 비슷합니다. 프랑크 왕국은 나라의 틀이 제대로 잡히지 않은 왕국이었죠. 말만 이 땅의 주인이었지 실제로 각 지방은 별 간섭 없이 살았습니다. 물론 스위스 지방은 산악지역이라 더더욱 프랑크의 손길이 닿지 않았어요. 사실상 독립적인 생활을 할 수 있었습니다. 스위스는 산악지역이라 뭐해 먹을 게 없었습니다. 그래서 우락부락한 산악인들은 용병으로 활동하였고, 각 나라에서는 스위스 용병이 인기가 좋았습니다. 프랑크 왕국은 843년 서, 중, 동프랑크로 나뉘게 되고, 동프랑크는 독일로, 서프랑크는 프랑스로, 중프랑크는 이탈리아로 각각 발전하게 됩니다. 이 틈바구니에서 스위스는 계속해서 오밀조밀한 주 단위로 그렇게 살아왔습니다.

그렇게 분열되어 있으니 힘이 없었어요. 국가의 개념도 없었습니다. 그러던 것이 1273년 합스부르크 집안의 탄압에 대항하여 4개 주가 동맹을 맺고 스위스 동맹을 탄생시켰습니다. 그 후로 여러 개의 주가 스위스 동맹에 가입하면서 슬슬 국가다운 모습을 보이기 시작하였습니다.

1273년 스위스 동맹

당시 합스부르크 왕가에 대해서 잠깐 알아보겠습니다. 합스부르크 왕가는 유럽 최대의 왕실 가문입니다. 특히 오스트리아 왕실을 거의 600년간 지배하였습니다. 프랑스 왕을 제외한 모든 유럽의 왕실과 연결된 가문이 합스부르크 가문입니다. 1273년 스위스 동맹이 결성되었을 때 합스부르크 집안의 대표적 인물이 오스트리아의 왕 레오폴트 1세였습니다. 오스트리아가 집적거리자 스위스가 연합하게 된 것이죠. 그리하여 둘은 싸웠고, 스위스 동맹이 승리했습니다. 이 스위스 동맹의 특징은 자신의 주의 권리는 그대로 유지하되 어떤 큰일이 생기면 뭉치자는 동맹이었어요. '서로 간의 자치는 인정하되, 군사적 행동은 뭉쳐서 하자!' 이게 바로 연방 국가의 성격입니다. 스위스 동맹이 결성되고, 당시 외적의 침입에 대항하여 싸울 때 나왔던 스위스의 영웅이 바로 빌헬름 텔(영어식으로는 윌리엄 텔)입니다. 활 잘 쏘기로 유명한 빌헬름 텔! 그를 소재로 나중에 괴테가 희곡으로 만들었어요.

1453년 백년전쟁 종식 〉 1515년 프랑스-스위스 싸움 〉 1517년 루터의 종교개혁

1337년부터 시작된 영국과 프랑스 간의 100년 전쟁이 1453년도에 끝났습니다. 1453년이면 조선 단종 재위 1년 차 때입니다. 전쟁이 끝나자 한가해진 프랑스는 스위스를 슬슬 건드립니다. 당시 프랑스 남쪽으로는 프랑스와 경쟁국이었던 브르고뉴 왕국이 있었습니다. 여차, 여차하여 이 브르고뉴 왕국이 스위스를 1476년에 쳐들어 왔습니다. 스위스가 승리하여 브르고뉴 땅을 손에 쥐게 되었습니다. 그러나 스위스는 그 땅이 별 필요가 없었어요. 그래서 그 땅을 프랑스에 팔아버립니다.

1515년 몇 번의 싸움에서 자신감을 얻은 스위스는 남쪽의 이탈리아 땅을 노렸습니다. 프랑스가 저지했고, 프랑스와 스위스가 붙었습니다. 그러나 이번 싸움에서는 프랑스가 승리하게 되었습니다. 스위스는 이 싸움을 경험 삼아 역사상 다시는 공격적인 전쟁을 벌이지 않게 됩니다.

1517년에 '루터(1483년~1546년)'의 종교개혁이 일어났습니다. 종교개혁을 말하면, 루터뿐만 아니라 칼뱅도 있고, 츠빙글리도 있습니다. 그들은 과연 누굴까요?

루터, 츠빙글리, 칼뱅

루터의 나이 35세(한국 나이) 때 종교개혁을 부르짖습니다.

'츠빙글리(1484년~1531년)'는 1484년 1월 1일 스위스에서 태어났습니다. 츠빙글리도 루터처럼 가톨릭 사제였습니다. 루터는 독일 출신, 츠빙글리는 스위스 출신. 츠빙글리는 군종 사제로 지내면서 전쟁의 참혹함을 경험했고, 용병제도를 극렬하게 반대했습니다. 또한, 여관업을 하는 것에 대해서도 반대했습니다. 그러나 그의 주장은 산악지역 사람들에게는 먹고살지 말라는 말과 같았어요. 1518년 취리히에서부터 그는 종교개혁을 진행했습니다. 이는 루터보다 1년 늦습니다. 스위스 평지에 사는 사람들은 츠빙글리를 편들었고, 산악지역 사람들은 츠빙글리를 반대했습니다. 결국, 둘의 세력은 싸웠고, 1531년 전투에서 츠빙글리는 전사하였죠.

'칼뱅(1509년~1564년)'은 루터보다 26살 어립니다. 자식뻘이죠. 1509년 프랑스에서 태어났고, 1564년 스위스에서 죽었습니다. 칼뱅의 아버지는 로마 가톨릭으로부터 죽기 2년 전에 파문당한 사람이었습니다. 칼뱅이 9살 때 루터가 종교개혁을 외쳤고, 칼뱅의 아버지는 처음엔 칼뱅이 로마 가톨릭 사제가 되길 원했지만, 이 분위기에 편승해 진로를 바꾸길 원했습니다. 1533년경쯤 당시 프랑스의 왕 프랑수아 1세는 신교를 탄압하기 시작했고, 칼뱅은 숨어 다녔습니다. 1535년『기독교 강요』라는 책을 출판하면서 종교개혁의 주도적인 신학자가 되었습니다. 1536년부터 스위스 제네바에 체류하면서 종교인으로서 정치 지도자가 됩니다.

루터의 종교개혁으로 신교파가 각 나라에 등장하게 됩니다. 부패한 구교에 대한 신교의 저항은 불꽃처럼 피어올랐습니다. 스웨덴, 네덜란드, 덴마크 등은 신교를 국교로 정했습니다. 이에 각 나라에서는 비상이 걸렸습니다. 그리하여 신교에 대한 탄압이 시작되었죠. 스페인의 경우 1534년 예수회 운동이 시작되었고, 신교도를 처형하거나 추방하여 구교를 지킬 수 있었습니다. 프랑스의 경우 1572년 8월 24일 밤 12시 교회 종소리를 신호로 일제히 신교도를 학살했습니다. 파리 3천여 명, 지방에 2만여 명이 동시에 학살되었죠.

독립국 1

루터가 종교개혁을 1517년에 외치고 약 100년 후 독일 땅에서 신교와 구교 간의 전쟁이 30년간 발생합니다. 1618년부터 시작되어 1648년에 종식된 독일 땅에서 벌어진 30년 전쟁의 참혹함을 보면서 스위스는 종교를 가지고 전쟁하는 것은 남는 게 없다는 생각이 들기 시작했습니다. '우리 싸우지 말자. 전쟁은 곧 자폭이다. 각 주의 자치권을 보장하고, 신교를 믿든 구교를 믿든 상관하지 말자.' 역사상 처음으로 스위스는 중립국을 선언합니다. 이리하여 스위스는 30년 전쟁에 불참하게 됩니다. 30년 전쟁이 종식되고 베스트팔렌 조약이 이루어졌습니다. 이 조약으로 인해 네덜란드는 에스파냐로부터 독립되었고, 스위스는 오스트리아로부터 독립할 수 있었습니다. 독일은 수백 개의 나라로 조각나게 되었고요. 즉, 스위스는 1648년 베스트팔렌 조약으로 인해 독립국이 됩니다.

1789년 프랑스대혁명

1789년은 프랑스에서 대혁명이 일어난 해입니다. 1776년에 미국에서 독립을 선언하였습니다. 영국에 대한 미국의 독립입니다.

영국과 프랑스는 앙숙관계입니다. 프랑스는 영국이 미워 **미국의 독립을 물심양면으로 대놓고 지원해** 주었어요. 너무 지원을 많이 해주었습니다. 그래서 돈이 달렸습니다. 세금을 거두어야만 했고, 그러다 보니 **국민이 들고일어났습니다.** 이를 혁명세력이라 부릅니다. 혁명세력은 후에 왕 루이 16세와 그의 부인 마리 앙투아네트를 단두대에서 목을 잘라 죽여 버립니다. 아래로부터의 개혁이었습니다. 민주주의의 발생이었고, 민주주의를 이룩하려는 민중의 응징이었습니다. 이렇게 프랑스에서 대혁명이 일어나자 주변 국들은 불안해졌습니다. '우리 국민도 프랑스처럼 들고일어나면 어쩌지?' 혁명의 정신은 각 나라로 속속들이 전파되었고, 각 나라에서는 혁명세력에 대한 탄압을 시작했습니다.

스위스에서도 혁명세력에 대한 탄압이 시작되었습니다. 프랑스는 혁명동지를 위한다는 명목으로 스위스를 침공했고 점령했습니다. 그리고 1798년 헬베티아 공화국을 수립하였습니다. 중앙집권제였고 그러다 보니 각 지방에서 폭동이 발생하였습니다. 공화국 측은 프랑스에 SOS를 쳤고, 프랑스 혁명세력은 다시금 폭동을 진압하여 주었습니다. 1799년 이런 프랑스에 대항해 오스트리아와 러시아 연합이 한판 붙었고, 이 싸움에서 프랑스가 승리하였습니다.

1803년 나폴레옹으로 인해 새로운 헌법이 탄생하였습니다. '각 주의 화폐나 우표는 맘대로 해라, 세금권, 재판권도 맘대로 해라, 대신 외교권과 군권은 중앙정부가 관리할 것이다.' 땅땅땅!

1804년 나폴레옹은 황제로 등극합니다. 나폴레옹에 관해서는 프랑스 편에서 자세히 다루기로 하겠습니다.

독립국 2

프랑스의 나폴레옹은 1806년 대륙봉쇄령을 내립니다. 영국과의 접촉을 금지하는 명령입니다. 이로 인해 스위스의 경제가 흔들거렸어요. 스위스는 영국과 양털, 면화를 교역했는데, 이것을 못 하게 하니 흔들릴 수밖에 없었습니다. 러시아 또한 힘들어졌습니다. 그래도 러시아는 몰래몰래 영국과 교역을 했습니다. 그러다가 나폴레옹에게 걸렸어요. '요것들이 말을 안 들어!' 나폴레옹은 1812년 러시아를 공격했으나 패배했습니다. 1813년 라이프치히 전투에서 또 져서 나폴레옹의 시대는 막을 내리게 됩니다.

나폴레옹의 프랑스가 그동안 스위스를 관리했는데, 프랑스가 졌습니다. 그럼 누가 대타로 등장할까요? 당시 프랑스와 싸웠던 연합국 중 강대국은 오스트리아와 러시아였습니다. 오스트리아가 집적거리기 시작합니다. 전쟁이 끝나고 1814년~1815년에 빈 회의가 열렸습니다. 여기서 스위스는 독립을 인정받았습니다. 그로 인해 혁명 반대세력이 실권을 잡았어요. 나폴레옹과 친했던 혁명세력이 나폴레옹이 지니까 당연히 세력을 잃게 되는 것이고, 반대로 혁명 반대세력이 실권을 잡게 되는 것이었습니다. 그러나 혁명세력에서는 불세출의 영웅 '앙리 뒤푸르(1787년~1875년)'가 있었습니다. 혁명세력과 반혁명 세력 간의 전투가 벌어졌고, 앙리 뒤푸르가 이끄는 혁명세력이 승리하여 스위스는 외국 간섭 없는

▲ 제1차 세계대전

완전한 독립을 획득하게 되었습니다. 1848년 새 헌법을 제정하여 오늘날의 스위스 연방을 탄생시켰습니다.

중립국

1914년~1918년 제1차 세계대전이 벌어집니다. 이 싸움에서 스위스는 중립을 지켰어요. 그로 인해 전쟁의 피해를 받지 않았습니다. 어떻게 중립국을 지킬 수 있었을까요? 힘이 약하면 중립국이고 뭐고 없을 텐데 말이죠. 당시 중립국을 표방했던 네덜란드와 벨기에는 침공을 받았거든요. 몇 가지 이유가 있었습니다. 1864년 앙리 뒤낭이 세운 적십자 덕분이었습니다. 중립국을 표방하여 여러 가지 회담이 스위스에서 열릴 수 있었기 때문이었죠.

1939년~1945년 제2차 세계대전이 발생했습니다. 이때도 스위스는 중립국을 지킬 수 있었습니다. 히틀러가 독일의 동맹인 이탈리아로 가는 길을 열어달라고 요청했습니다. 그러나 스위스에서는 반대했어요. 그러자 히틀러가 '어쭈 길 안 열어주면 너희들다 죽일 거야.'라고 협박하자 스위스에서는 당돌하게 '우릴 공격하면 이탈리아로 가는 모든 길을 폭파하여 없애겠다.'라고 맞협박을 하였습니다. 이것이 통하여 스위스는 다시 한번 중립국의 지위를 누릴 수 있게 되었어요. 또한, 당시 스위스 프랑이 기축통화역할을 했기에 가능했습니다. 주요 국가들의 통화에는 전쟁 상황이라 안정성이 떨어졌습니다. 그에 스위스 프랑이 기축통화 역할을 하였습니다. 기축통화국을 칠 수는 없었습니다.

그 후 미국과 러시아의 냉전체제가 진행될 때에도 스위스는 중립국을 선언했습니다. UN도 가입하지 않았어요. 나중에 2002년이 되어서 국민투표로 인해 가입하게 됩니다.

스위스는 중립국 덕택에 여러 가지 이점을 얻을 수 있었습니다. 세계 모든 기구나 회담이 중립국인 스위스에서 설립되고 개최되었습니다. 이로 인해 각국 사절이 오면서 막대한 수입이 생기게 되었습니다. 그 수입이 실로 엄청나서 스위스 국민이 일을 안 해도 될 정도라고까지 하는 우스갯소리도 있었습니다. 또한, 스위스은행을 개설하여 이자보다는 오히려 보관료를 받았습니다. 대신 맡긴 사람의 실명을 절대로 밝히지 않았어요. 법으로 딱 묶어 놓은 것이라 밝힐 수 없게 만들어 놨습니다. 그래서 검은 자금(불법 자금)이 스위스로 몰리게 됩니다.

스위스는 중립국을 지키기 위해 엄청난 군비를 사용하고 있습니다. 힘이 없으면 중립국을 유지할 수 없다는 걸 잘 알기 때문입니다. 스위스의 건물 밑에는 지하 방공호가 설립되었습니다. 식량 저장고도 있어 오랜 시간 버틸 수 있도록 만들었어요. 또한, 징병제 대신 국민 예비군 제도를 만들어 한 달에 1~2일 예비군 훈련을 받으며 전시 상황 시 100만 이상의 군인을 집결할 수 있는 체제를 만들었습니다.

2

프랑스
- 유럽의 절대 지존

국민성

프랑스 국민이라고 하면 무엇이 제일 먼저 떠오르나요? 좋은 기후와 비옥하고 풍부한 토지를 바탕으로 유럽 제1의 농업 국가이자, 유럽 제2의 공업 국가인 프랑스. 세계 5위에 랭크되어 있는 경제 선진국. 그리고 무엇보다 1789년 프랑스대혁명을 통해 아래서부터 개혁을 성공한 나라가 바로 프랑스입니다.

민족

프랑스는 크게 게르만 민족과 라틴 민족으로 구성되어있습니다. 단순하게 북쪽엔 게르만 민족, 남쪽엔 라틴 민족으로 보면 됩니다.

공통 역사

유럽 역사의 초기는 다 비슷비슷하다고 했습니다. 로마 제국이 몽땅 쓸었기 때문이죠. 앞서 살펴본 것과 같이 독일이나, 스위스나 다 비슷합니다. 유럽 땅에 본토 원주민이 살고 있었고, **BC50년경 카이사르가 전 유럽을 쓸면서 유럽 역사가 하나로 묶이기 됩니다.** 그러다가 동로마와 서로마로 갈리게 되고, 훈족으로부터 밀려 서쪽으로 이동한 게르만족이 서로마를 공격하여 476년 멸망시키고, 이동한 게르만 민족들이 여러 나라를 세우고, 그중 가장 대성한 나라가 프랑크 왕국이었습니다. 프랑크 왕국이 서로마가 차지했던 대부분의 땅을 접수했지만, 왕권이 강력하지가 않아 말로만 왕이었지, 대부분의 지방은 자치적으로 돌아가고 있었죠. 그러다가 843년 서, 중, 동프랑크로 분열되고, 서프랑크는 프랑스로, 중프랑크는 이탈리아로, 동프랑크는 독일로 발전하게 되는 것을 앞서 살펴보았습니다.

특기 사항은 서로마로 대거 이동한 게르만 민족이 기독교를 받아들였다는 점입니다. 그로 인해 게르만 민족이 역사의 주인공으로 떡하니 솟아오를 수 있게 된 것이고, 게르만 민족이 세운 프랑크 왕족의 샤를마뉴 같은 사람은 교황으로부터 로마 제국의 황제라는 칭호를 받을 수 있게 되었습니다. 후에 동프랑크의 오토도 신성 로마 제국의 황제 칭호를 받게 되었지요. 게르만 민족이 기독교를 받아들였기에 가능한 일이었습니다.

봉건 제도

유럽 역사에서 프랑스만큼 강력한 왕권을 자랑했던 나라도 드물 것입니다. 왕에게 권력이 집중된 체제를 절대왕정 혹은 중앙 집권적 국가라고 부릅니다. 절대왕정 전에 반드시 거치는 단계가 있었으니 봉건 제도입니다. 봉건 제도는 각 지방 영주들의 시대입니다. 왕이 있지만, 힘이 없습니다. 힘은 각 지방 영주들에게 쏠려 있었고, 언제든 힘 있는 영주가 들고일어나서 왕을 갈아치우면 그만이었습니다. 프랑스도 봉건시대를 거치게 됩니다. 그런데 프랑스는 제일 먼저 봉건 제도를 깨고 중앙집권화에 성공한 나라였습니다.

이유는 간단합니다. 영국과 프랑스 간의 약 100년간 걸친 '100년 전쟁(1337년~1453년)'을 통해서 프랑스는 절대왕정을 형성할 수 있었습니다. 전쟁이 일어나면 뭉치게 되죠. 황제를 중심으로 뭉치고, 군인의 수가 많아지게 됩니다. 그간 왕을 중심으로 뭉쳤으니 왕권은 이미 강화된 상태였습니다. 당연히 왕은 그 군대를 계속 유지 시키면서 왕권을 강화할 수 있었습니다. 프랑스에서 가장 강력한 절대왕권을 누린 자가 바로 태양왕 '루이 14세(1638년~1715년)'였어요. "짐이 곧 국가다."라고 말했죠. 베르사유 궁전을 짓습니다.

백년전쟁

섬나라 영국이 대륙 침략을 위해 프랑스와 벌였던 전쟁이 '백년 전쟁(1337년~1453년)'이었습니다. 1453년은 조선 단종 원년이 되는 해입니다. 조선 건국이 1392년에 이루어졌으니, 고려 말부터 단종 원년까지 이어진 영국-프랑스 간 전쟁이라고 보면 되네요. 백년전쟁을 통해 프랑스는 더더욱 강력한 왕권을 구축할 수 있었으나, 영국은 달랐습니다. 영국은 원래 왕권이 약한 나라였어요. 섬나라라는 지역적 특징 때문에 전쟁이 끝나고 군사를 계속 거느릴 필요가 없었습니다. 배 타고 넘어오는 적들만 깨부수면 됐기에 많은 군사가 필요 없었죠. 반면 프랑스는 달랐습니다. 사방이 적이었기에 많은 군사가 필요했고, 그로 인해 왕권은 강화되었던 것이었죠.

1789년 프랑스대혁명

프랑스 역사에서 가장 중요한 것은 프랑스대혁명입니다. 먼저 프랑스대혁명이 일어난 배경부터 살펴보겠습니다. 영국과 프랑스는 앙숙이었습니다. 백 년 넘게 백년전쟁을 치렀으니 얼마나 앙숙이었을까요? 영국에서 청교도 사람들이 못 살겠다며 넘어가 미국이란 나라를 세웠고, 영국으로부터 독립하고자 1770년쯤 꿈틀댔습니다. 프랑스는 그런 미국을 물심양면으로 적극적으로 도왔고, 결국 1776년 미국은 독립했습니다. 근데 너무나 많이 도와주었어요. 프랑스의 살림이 엉망이 되었습니다. 프랑스 국민이 살기가 힘들어진 거예요.

루이 16세는 돈이 부족하여 세금을 더욱 거둬들이고자 했고, 가뜩이나 먹고살기 힘든 평민들의 심기를 건드렸던 것입니다. 당시 프랑스는 왕을 위시하여 제1계급으로 성직자가 차지하고 있었고, 제2계급은 귀족이 차지하고 있었습니다. 이들은 전 국민의 1%를 차지하는 지배계급이었죠. 다음으로 제3계급이 있었는데, 이들을 부르주아라고 불렀습니다. 부르는 성이라는 뜻이고, 부르주아가 함께 붙어 '성안에 사는 사람'이라는 의미입니다. **부르주아는 의사, 법률가, 대상인이 속한 계급으로 배운 것 많고, 돈 많이 번 평민층**을 일컬었습니다. 이 부르주아들이 가만 보니까 아무리 멍청해도 귀족으로만 태어나면 떵떵거리고 사는 것에 불만을 품기 시작했습니다. 자신들은 아무리 열심히 노력해도 그들의 발가락의 때만도 못한데, '아니 귀족으로 태어나면 아무리 멍청해도 저렇게 잘 살 수 있을까?' 의문을 품기 시작했던 것입니다. 더군다나 이들에게 더욱더 불을 댕긴 사람이 있었으니 그가 바로 '장자크 루소(1712년~1778년)'였습니다. 루소는 누구나 평등하고 나라의 주인은 백성이라고 표방했고, 이는 부르주아의 생각과 완전히 일치했었죠.

　루이 16세는 세금을 거둬들이기 위해 삼부회(성직자, 귀족, 평민 대표들이 모이는 회의)를 소집했습니다. 말이 삼부회지 평민 대표들은 표본적으로만 있던 것이지 회의에 끼지도 못했습니다. 그러나 평민 대표들(부르주아들)은 국민의회를 따로 만들어서 집회를 열었고, 상황이 이상하게 돌아가자, 시민을 선동했습니다. 무기 창고를 습격했고, 바스티유 요새를 점령하였습니다. 루이 16세와 왕비를 감옥에 가두었습니다. 그리고 귀족의 80%나 학살하였습니다. 이른바 1789년 프랑스대혁명이 일어난 것입니다.

그렇지만 중요한 사실! 프랑스 혁명으로 실제 이익을 얻는 측은 전체 국민이 아니고 제3계급인 부르주아였습니다. 즉, 부르주아계급의 승리였습니다.

프랑스대혁명 후

1789년 프랑스대혁명을 이끈 혁명세력의 기세는 대단했습니다. 그 기세는 각 나라로 퍼져나가게 되었어요. 다른 나라 국민도 프랑스대혁명의 소식을 들었고, '우리도 할 수 있다.'라는 생각을 하게 되었습니다. 그러니 각 나라의 지배층에선 난리가 났습니다. 자신들의 나라에 불똥이 튈까 걱정이 이만저만이 아니었습니다.

그래서 각 나라에서는 연합하여 프랑스 혁명세력을 공격하여 다시 정권을 왕에게 돌려주고자 했습니다. 더군다나 루이 16세의 부인인 마리 앙투아네트 왕비의 오빠는 오스트리아의 황제였습니다. "내 여동생을 이렇게 만들어! 다 싹 쓸어 주겠어!" 오스트리아 황제 프란츠 2세는 폭발했고, 러시아와 동맹을 맺고 1792년 프랑스를 공격했습니다.

프랑스 혁명세력은 처음엔 계속 졌습니다. 오합지졸의 혁명군이 다른 나라의 정규군을 상대로 힘을 쓸 수 없었던 것이었죠. 그러나 프랑스에서는 의용군이 모집되었고, 사기가 올라갔습니다. "어떻게 일군 우리의 권리인데, 다른 나라에 빼앗길 수는 없다! 모두 다 들고일어나자! 죽기 아니면 살기다!" 프랑스 남쪽에 마르세유라는 도시가 있습니다. 그 마르세유에서 파리로 의용군들이 진군하면서 부른 노래가 현재의 프랑스 국가라고 하니 프랑스대혁명의 기운은 지금도 계속 존재하는 것입니다.

프랑스의 사기가 진작되자 전쟁을 승리로 이끌 수 있었습니다. 1792년 9월 20일 정도에 오스트리아와 러시아 동맹군을 격퇴하였습니다. 급기야 다음 해 1793년 1월 12일 콩코르드 광장에서 루이 16세와 마리 앙투아네트를 단두대에서 처형시켜버렸어요. 이 사건의 파급력은 엄청나서 각 나라의 왕들은 서로 완전 똘똘 뭉치게 되었습니다. '어찌 백성들이 왕을 처형할 수 있단 말인가!' 프랑스는 외롭게 홀로 이들과 싸우게 되었던 것입니다. 이때 프랑스에 나타난 이가 있었으니 그가 바로 '나폴레옹(1769년~1821년)'입니다.

나폴레옹은 군대의 힘으로 정권을 획득했고, 유럽의 각 나라를 차례로 접수하기 시작했습니다. 1804년 스스로 황제에 올랐으며, 1815년 워털루 대전에서 져서 쫓겨 났습니다. 나폴레옹 다음으로 루이 18세가 왕이 되었고, 당시 집권세력은 부르주아가 귀족 대신 차지했습니다. 이래서 프랑스대혁명의 실질적인 승리자를 부르주아로 보는 것이죠. 귀족을 80%나 죽였으니 그 자리를 부르주아가 차지하게 된 것입니다. 루이 18세를 이어 샤를 10세가 왕에 올랐으나 1830년 다시 국민이 들고일어났고, 샤를 10세를 외국으로 추방시켰습니다. 1848년 한 번 더 들고일어나서 루이 필리프도 외국으로 추방시켜버렸어요. 프랑스 국민, 대단하지 않은가요? 1명의 왕을 처형시켰고, 2명의 왕을 외국으로 추방시켰습니다. 나중에 대통령도 탄핵해서 하야시키는 나라가 바로 프랑스입니다. 참고로, 우리나라도 박근혜 대통령을 탄핵해서 하야시켰습니다. 우리나라 국민도 대단한 거예요.

산업혁명이 진행되면서 부르주아계급이 더욱 성장하기 시작했습니다. 이것은 무엇을 뜻할까요? **부르주아가 자본가로 둔갑하면서 새로운 귀족, 지배층이 되는 것을 말하며** 반대로 일반 국민은 노동자로 전락하여 그때나 지금이나 항상 힘든 인생을 살 뿐이라는 뜻입니다. 이럴 즘 독일에 나타난 사람이 '칼 막스(1818년~1883년)'입니다.

1870년에 프로이센(프러시아)와 한판 붙어 급기야 파리까지 점령당하는 수모를 겪게 됩니다. 프로이센은 프랑스를 꺾어 유럽의 최강자로 등극하게 됩니다. 이름도 프로이센에서 도이치란트(독일)로 바꿉니다. 철혈재상 비스마르크의 업적이었습니다. 프랑스는 프로이센에게 지고서 시민들이 세운 최초 공산정권인 파리코뮌이 생기게 됩니다. 그러나 프로이센과 결탁한 정부군에 의해 두 달 만에 붕괴되었습니다.

▲ 비스마르크 동상

1871년~1940년

1875년 제3공화정이 선포되고 이 기간 동안 두 차례에 걸친 세계 전쟁이 발발했습니다(1914년~1918년, 1939년~1945년). 이 기간을 통하여 프랑스는 눈부시게 발전하였습니다.

1946년~1958년

제4공화국이 출범되었습니다.

1958년 드골 장군이 다시 정권을 잡고, 새 헌법으로 제5공화국 출범되었습니다.

다시 간략하게 요약을 해보겠습니다. 프랑스는 1789년 대혁명이 일어나는데, 미국이 영국으로부터 독립하는데, 적극적으로 미국을 도와줍니다. 영국이 싫었으니까요. 그러다 너무 도와줘서 재정이 파탄이 납니다. 그래서 루이 16세가 세금을 엄청나게 걷자 시민들이 들고일어나서 왕과 왕비를 옥에 가둡니다. 그리고 귀족들을 마구 죽이죠. 프랑스 주변 국가에는 프랑스의 대혁명이 경계 대상이 되었고, 프랑스를 공격하게 됩니다. 이때 나타난 영웅이 나폴레옹입니다. 나폴레옹은 강력한 군사력으로 주변 국가들을 차례로 정복하지만 결국 전쟁에 져서 쫓겨나게 됩니다. 착실히 군사력을 키운 프로이센과 전쟁에도 집니다. 후에 세계대전을 겪으며 다시금 강국으로서 재기에 성공하여 지금까지 유럽의 강대국으로 자리 잡습니다.

3

이탈리아
- 로마 제국의 영광 아래

BC753년 탄생 > BC270년 반도 통일

이탈리아 땅에 최초로 발을 디딘 민족은 BC1000년경 중동에서 건너온 에트루리아 민족이었습니다. 로마는 BC753년에 탄생했습니다. 그러니 힘이 센 북쪽의 에트루라아의 힘에 눌려 그들에게 지배를 당했습니다. 로마의 탄생 신화를 잠깐 살펴보겠습니다. 마르스(군사, 전쟁의 신)가 인간 제사장(무당)에 반해 쌍둥이를 낳습니다. 로물루스와 레무스 형제였죠. 그러나 마르스는 이미 결혼한 신이었고, 이들을 키울 수 없었습니다. 그래서 테베레강에

이 둘을 버립니다. 버려진 이들을 늑대가 길러 키우게 되었어요.
이들에 의해 로마는 탄생합니다.

로마의 독립

로마는 서서히 힘을 길러 BC509년 독립하였습니다. 첫 출발
은 공화정이었습니다. 공화정이란 왕이 없는 나라입니다. 귀족 중
2명을 통령(집정관)으로 뽑고, 귀족 300명으로 원로원을 구성하였
습니다. 이들에 의해 나라를 이끌어 나갔던 것이죠. 후에 평민들
도 참여하여 평민 중 2명의 호민관을 뽑았습니다.

BC451년 12표법을 제정하여 평민들의 권리를 증대시켰고,
BC367년에는 귀족에게서만 뽑았던 2명의 집정관을 1명은 귀족
에서, 1명은 평민에서 뽑기에 이르렀습니다. 로마는 서서히 힘을
키워 이탈리아반도를 접수할 때쯤 그리스(마케도니아)는 한창 지
중해에서 세력을 펼쳤습니다. BC323년 알렉산드로스 대왕(알렉
산더 대왕)이 30대 초반 나이로 죽자 그리스의 세력도 점점 줄어들
게 되었습니다. 마케도니아는 그리스 입장에서 보면 북쪽의 이민
족이지만, 마케도니아의 왕실은 그리스 혈통으로, 크게 봐서 그

냥 그리스라고 봅니다.

BC270년 마침내 로마는 이탈리아반도를 통일하였습니다. 힘이 세진 로마는 이제 지중해를 놓고, 그리스, 카르타고와 경쟁할 수 있게 되었죠. 그리스는 힘이 많이 약해진 상태였고, 카르타고는 아프리카 대륙에 붙은 나라였습니다(지금의 튀니지).

포에니 전쟁

그리스는 이제 전성기를 지나 하락기로 접어든 상태였고, 떠오르는 것이 로마와 카르타고였습니다. 로마는 카르타고 주민을 포에니(페니키아人)라고 불렀어요. 로마와 카르타고는 총 3차례 큰 전쟁을 벌이는데 이를 '포에니 전쟁'이라 부릅니다.

1차 포에니 전쟁(BC264년~BC241년): 로마가 승리

2차 포에니 전쟁(BC219년~BC201년): 카르타고의 한니발이 알프스산맥을 넘어 로마의 허를 찔렀으나 로마의 스키피오 사령관이 카르타고 본토를 급습하여 회군하여 한판 붙었지만 크게 져서

한니발은 후에 자결, 로마가 또 승리

3차 포에니 전쟁(BC149년~BC146년): 스키피오의 양아들 스키피오가 카르타고를 완전히 멸망시켜 지도상에서 없애버림.

포에니 전쟁의 승리로 인해 로마는 이제 거칠 것이 없는 세계 최강대국이 되었습니다. 그렇지만 로마는 공화정이었습니다. 강력한 황제가 없다 보니 정치가 어지러웠습니다. 바로 이때 나타난 이가 바로 그 유명한 '카이사르(시저)'입니다.

카이사르

'카이사르(BC100년~BC44년)'는 크라수스(부호), 폼페이(지중해 해적 소탕의 실력자)와 함께 이른바 삼두 정치(머리가 3개)를 이끕니다. 그러나 머리가 3개면 결국 분쟁이 일어나게 되거든요. 카이사르의 딸을 폼페이와 결혼도 시켰지만, 딸이 애를 낳다가 죽고, 끈이 사라지자 결국 이들은 한판 붙게 됩니다. 크라수스는 일찌감치 전사하였고, 폼페이와 카이사르가 붙게 되었습니다.

BC49년 당시 카이사르는 삼두 정치를 하면서 갈리아 지방(지금의 프랑스)의 사령관으로 복무하고 있었습니다. 그는 그 유명한 '주사위는 던져졌다.'라는 말을 하면서 루비콘강을 건넜습니다. 로마로 쳐들어갔고 정권을 장악합니다.

당시 이집트는 프톨레마이오스 13세 왕과 그의 아내이자 누나인 그 유명한 클레오파트라 7세 여왕과 공동 집권하고 있었어요. 카이사르가 이집트에 침공합니다. 이때 클레오파트라와 카이사르 사이에서 사랑이 싹텄습니다. 이집트에 왔다가 그녀와 사랑을 하게 된 것이었죠. 클레오파트라는 그녀대로 카이사르를 등에 업고 정권을 잡고자 했고, 카이사르는 그대로 이집트를 손에 넣으려고 했던 것이었습니다. 이 둘 사이에서 아들도 태어났습니다. 참고로 프톨레마이오스 1세는 알렉산드로스 대왕의 이복형이었습니다. 알렉산더가 죽고, 마케도니아가 망하자 상당한 군사를 이끌고 이집트로 가서 그곳에 왕이 됩니다.

카이사르는 황제란 칭호만 없었지 사실상 황제와 다름없는 권력을 손에 쥐고 있었습니다. 로마는 공화국을 표방하고 있었다고 했죠. 괜히 황제를 칭했다가 반대세력들만 키울 뿐 자신에게 득이 되지 않는다는 것을 잘 알고 있었습니다. 공화정을 인정해도 결국 자신이 실질적인 황제였습니다. 그런 카이사르를 공화정에서 가만두지 않았을 거예요. BC44년 칼로 암살되었습니다.

옥타비아누스

카이사르가 죽자 다시 권력 다툼이 시작됩니다. 이번에도 두 번째 삼두 정치가 시작되었습니다. 집정관 안토니우스, 카이사르 조카의 아들이자 나중에 양아들이 되는 옥타비우스, 부관 마르쿠스 레피두스였습니다. 그러나 권력은 한 사람에게 흐르는 법이라고 했죠? 안토니우스는 옥타비우스의 여동생과 결혼합니다. 그러나 안토니우스는 이미 클레오파트라에게 마음을 뺏긴 상태였어요. 옥타비우스는 분노합니다. "감히 내 여동생을 버려! 전쟁이다!" BC31년 안토니우스는 이집트로 도망가서 클레오파트라와 함께 자결합니다. 클레오파트라 7세는 정말 대단하지 않나요? 자신의 미모를 충분히 이용하여 권력을 손에 넣기 위해 여러 사람과 결혼을 합니다. 자식도 낳고요. 카이사르 그리고 안토니우스 사이에서 자식을 봅니다. '클레오파트라 7세(BC69년~30년)'는 프톨레마이오스 12세의 딸이었고, 이름은 '테아 필로파토르(Thea

Philopator)'였습니다. 클레오파트라는 이름이 아닙니다. '아버지의 영광'이라는 그리스어에서 비롯된 왕위 칭호입니다. 프톨레마이오스 5세부터 쓰기 시작했던 것이죠.

결국, BC31년 '옥타비우스(BC63년~AD14년)'는 권력을 손에 쥐게 되었습니다. BC27년 원로원에서는 그에게 잘 보이려고 아우구스투스(존엄한 자)라는 칭호를 갖다 바쳤어요. 공화정이니 황제라는 칭호를 주지는 못했거든요. 그렇지만 실질적으로는 황제였습니다. 이때부터 옥타비우스는 옥타비아누스라 불렸습니다. 옥타비아누스는 정치를 꽤 잘했어요. 또한, 검소해서 백성들에게 존경을 받았고, 계속해서 영토를 넓혔습니다.

콘스탄티누스

옥타비아누스 후로 로마에는 여러 황제가 나옵니다. 그 유명한 네로도 나오고, 5현이라 해서 정치 잘한 황제 다섯 명도 나오고, 군인 황제도 나오고 급기야 동시에 6명이나 되는 황제가 나오기도 합니다. 이 6명 중 한 명이 콘스탄티누스였습니다. 권력은 하나로 흐르는 법이라고 했죠? 330년 콘스탄티누스는 수도를 비잔티움(지금의 이스탄불, 콘스탄티노플로 이름 바꿈)으로 옮겼고, 결국 311년 콘스탄티누스가 권력을 잡습니다. 콘스탄티누스가 유명한 이유가 있어요. 그는 313년 그리스도교를 공인했습니다. 기울기 시작한 로마를 바로잡으려고 사상적 통일을 하기 위해, 나라를 바로 세우기 위해 기독교를 이용했던 것입니다. 결과적으로, 기독교는 로마에 의해 세계적인 종교가 됩니다.

395년 동로마와 서로마는 분열되었고, 게르만 민족의 대이동으로 476년 서로마는 멸망하게 되었습니다. 동로마는 약 1000년 더 가서 1453년에 오스만 제국에 의해 멸망합니다.

피핀 〉샤를마뉴

476년 서로마 제국이 망하고 그 땅에 여러 나라가 생기고 프랑크 왕국이 대부분의 유럽 땅을 차지하게 되었습니다. 프랑크 왕국이 대부분 땅을 차지했다고 할지라도 강력한 왕권을 바탕으로 속속들이 관리하지 못했기에 다른 여러 나라가 독립적인 생활을 할 수 있었습니다. 그리하여 북부 이탈리아엔 롬바르드 민족이 568년부터 약 200년간 지배하게 되었습니다. 근데 이게 교황에게는 여간 불안한 것이 아니었어요. 교황은 프랑크 왕국의 피핀과 연맹을 맺었습니다. 745년 피핀은 교황에게 교황만이 다스릴 수 있는 교황 땅을 선물해 주었습니다. 그게 바로 지금의 '바티칸' 시국입니다.

피핀의 아들은 그 유명한 샤를마뉴입니다. 샤를마뉴는 카를 대제라고도 말합니다. 마뉴가 대제라는 뜻입니다. 샤를마뉴도 아버지 피핀을 따라 교황과 친교를 잘 맺었습니다. 그러자 급기야 800년 교황으로부터 로마 제국 황제의 칭호를 받기까지 했습니다. 게르만 민족이 세운 나라가 라틴 민족의 나라 교황으로부터 황제 칭호를 받게 된 것입니다. 게르만 민족이 기독교를 적극적으로 받아들였기에 가능했던 것이겠죠. 샤를마뉴 때 북부 이탈리아를 접수하게 됩니다.

그렇다면 남부 이탈리아는 어떤 일이 벌어지고 있었을까요? 827년 아프리카 튀니지에서 온 이슬람 세력이 정착했습니다. 11세기엔 바이킹족(노르만족, 결국 게르만족)이 이들을 몰아내기도 합니다.

840년 샤를마뉴가 죽고, 843년 프랑크 왕국은 서, 중, 동프랑크로 분열되었습니다. 이탈리아반도에서는 도시국가 형태로 발전하게 됩니다. 예) 피렌체, 베네치아 공국......

'단테(1265년~1321년)'가 이런 도시국가에서 살았던 것입니다. 도시국가는 동방무역을 통해 부를 쌓을 수 있었어요.

1870년 통일 〉 무솔리니

동방무역을 통해 부를 잘 쌓았는데, 1453년 동로마 제국이 오스만튀르크에게 멸망 당하면서 무역로가 막히게 되었습니다. 그게 이탈리아 도시국가들에게는 큰 타격이 되었어요. 동방무역은 이제 바닷길(대서양-인도양)을 이용한 새로운 길이 뚫리게 됩니다. 이때 성장한 나라가 바로 에스파냐였습니다.

북부 이탈리아에서 새롭게 떠오르는 왕국이 있었으니 사보이 왕국이었습니다. 점점 성장하여 피에몬테-사르데냐 왕국으로 발전했습니다. 왕 에밀루엘레 2세와 가리발디와 손을 잡고 이탈리아 통일 운동을 시작했습니다. 1789년 프랑스대혁명의 영향을 받아 이탈리아 국기마저도 프랑스 국기와 비슷하게 만들었고요. 그리하여 1870년 이탈리아를 통일하게 됩니다.

그러나 이탈리아는 다양한 민족들로 구성되어 있어서 통일되었다고 해도 내전이 끊이질 않았어요. 그래도 제1차 세계대전을 치르면서 승전국이 되었습니다. 그렇지만 보잘것없는 대가를 받았고, 그 바람에 **가난한 이탈리아에 공산주의가 급속히 번지게 되었습니다.**

이때 '무솔리니(1883년~1945년)'가 등장합니다. 그는 한때 사회주의자였지만 극우 파시스트로 전향하였습니다. 사회주의, 농민, 노동자를 탄압하였습니다. **대지주와 자본가의 절대적 지지를 받고서** 1922년 무혈 쿠데타에 성공하여 집권하였습니다. 독재정치를 펼쳤고, '제2차 세계대전(1939년~1945년)'에 추축국으로 참전하여 패전하였고 잡혀서 총살당합니다. 이탈리아는 그 후로 공화정을 선포했고, 국왕을 추방하여 1948년 이탈리아 공화국을 탄생시켰습니다.

4

독일
– 후발국으로 시작된 강대국

Germany, Deutchland

독일을 영어로는 Germany(저머니)라고 부르고, 독일 본토에서는 독어로 Deutchland(도이치란트)라고 부릅니다. 대한민국을 영어로는 Korea(코리아)라고 부르고, 한국 본토에서는 대한민국(대한민국)이라고 부르는 것과 같은 거죠. Germany(저머니)는 영어 발음으로 문자 그대로 불러보면 게르마니가 됩니다. 독일은 게르만 민족이죠. 즉, 게르만 민족의 나라, 게르만 민족이 사는 곳, 그래서 영어권 사람들에게는 Germany(저머니)가 된 것입니다. 대한민국이 서방에 알려진 것은 Korea(코리아)입니다. 고려 시대에 우리나라가 알려지면서 고려가 코리아로 불리게 된 것과 마찬가지라 할 수 있습니다. 고려대학교는 영어로 Korea Univ.를 쓰고 있습니다. Deutchland라는 단어는 1871년 독일이 처음으로 통일되었을 때 만들어진 나라 명입니다.

독일은 얼마나 셀까요?

경제가 힘입니다. 그러므로 GDP를 조사해 보면 국력 비교가 됩니다. GDP는 Gross Domestic Product를 줄인 말로 국내총생산이란 뜻입니다. 외국인이든 우리나라 사람이든 국적을 불문하고 **우리나라 국경 내에서 이루어진 생산활동**을 말하죠. 참고로 GNP가 있는데, 이는 국적을 기준으로 한 계산방식이에요. 즉, 우리나라 사람이 외국에 진출해서 생산해 낸 것도 GNP에 포함을 시킵니다. 우리나라에 들어온 외국인이 만든 것은 포함하지 않습니다. 따라서 이 값을 산정하기가 쉽지 않죠. 누가 어디 가서 뭘 생산했는지 어떻게 일일이 조사할 수 없으니까요. 갑식이가 우간다 밀림에 가서 자전거를 만든 것을 누가 어떻게 알 수가 없죠. 그래서 요즘 추세는 계산도 편한 GDP로 산정합니다.

2022년 기준으로 독일의 국력(GDP)을 보면.

단위: 달러

1위 미국 20.9조
2위 중국 14.7조
3위 일본 5조
4위 독일 3.8조

독일은 2022년 현재 세계에서 4번째로 경제대국입니다. 우리나라는 10위로 1.6조 달러입니다. 독일은 우리나라보다 2.4배 경제력이 셉니다. 그만큼 강한 나라가 독일이죠. 근데 독일이 처음부터 이렇게 강했을까요? 3위에 랭크된 일본은 처음부터 3위였을까요? 그렇지 않습니다. 일본 역사를 통해 우리는 일본도 메이지 유신으로 개혁을 단행하고, 공산화를 반대하는 미국의 원조로 급작스럽게 경제대국이 되었음을 알 수 있었습니다. 후에 살펴보겠지만 독일도 이와 비슷합니다.

야만인의 땅

옛날부터 지금의 독일 땅은 춥고 음산하고 해가 잘 뜨지 않는

곳이었어요. 그래서 그런지 기원전 50년경 로마 제국의 카이사르
(시저)도 독일 땅만큼은 접수하지 않았습니다. 다른 좋은 땅이 많
은데 구태여 그 땅을 차지할 필요는 없었죠. 소위 버려진 땅이 독
일 땅이었습니다. 그러다 보니 독일 땅에 살아가고 있는 사람들
은 **로마의 선진화된 문명, 문화의 혜택을 볼 수 없었어요.** 야민족
으로 남았고, 주변에서도 야만인으로 취급했습니다.

로마 제국에서 프랑크 왕국으로

시간이 흘러 395년 로마 제국이 동로마와 서로마로 쪼개지게
됩니다. 그리고 훈족의 등쌀에 못 이겨 게르만족이 서쪽으로 대
이동을 시작하고, 결국 476년 서로마는 게르만족에 의해 멸망하
고 맙니다. 게르만족은 이 땅에 새로운 여러 개의 나라를 세웠습
니다. 이중 프랑크 왕국(481년~843년)이 제일 강했고, 서로마가 차
지하고 있던 땅을 대부분 차지하게 되었습니다. **프랑크 왕국에서
제일 유명한 사람이 샤를마뉴 대제(황제보다 더 높다는 뜻)였습니다.
그는 게르만 민족으로서 교황으로부터 서로마 제국의 황제라는
칭호를 받게 됩니다.** 게르만 민족은 기독교를 받아들였고, 그로
인해 교황이 이뻐해 준 것입니다. 로마인이 아닌 게르만 민족에게

서 서로마 제국의 황제라는 칭호를 받게 되니, 그게 바로 프랑크 왕국의 샤를마뉴였습니다. 앞에서 했던 내용과 반복이죠? 이렇듯 유럽의 역사는 카이사르로 인해 같이 묶이게 됩니다.

동프랑크

843년 프랑크 왕국이 세 개로 분열됩니다. 자식들에게 골고루 나라를 나누어주다 보니 나라가 쪼개지게 된 것이었어요. 서프랑크, 중프랑크, 동프랑크로 쪼개지는데, 서프랑크는 나중에 프랑스로, 중프랑크는 나중에 이탈리아로, 동프랑크는 나중에 독일이 됩니다. **따라서 독일 역사의 시작은 843년을 기점으로 봐야 합니다.** 역으로 프랑크 왕국은 프랑스, 이탈리아, 독일의 공통 역사에 들어가게 되는 것입니다. 즉, 프랑스인이 역사 공부를 하게 되면 프랑크 왕국을 배워야 하고, 독일도 프랑크 왕국을, 이탈리아도 프랑크 왕국을 배워야 합니다. 하여튼, 동프랑크로부터 독일의 역사는 시작됩니다.

그런데 사실 동프랑크는 이름만 한 나라였지 여러 개의 작은 나라로 쪼개져 있는 상태였어요. 911년 왕이 후손을 남기지 않고 죽자 영주(호족)들이 모여 투표로 왕을 뽑았습니다. 뭐라고요? 투표로 왕을 뽑았다고요. 투표로 된 첫 왕은 919년 '하인리히 1세(재위 919년~936년)'였습니다. 어떻게 투표로 왕을 뽑을까요? 그만큼 왕의 권위는 없다는 얘기가 됩니다. 하인리히 1세는 역사상 투표로 뽑힌 첫 왕이 되었습니다. 다음으로 두 번째 투표로 뽑힌 왕이 있는데, 그는 하인리히 1세의 아들 '오토 1세(936년~973년)'였습니다. 그런데 오토 1세는 현명했습니다. 교황을 끼고서 왕권을 강화했습니다. 그래서 962년 교황에게 이쁨을 받아 신성 로마 제국의 황제로 등극하게 됩니다. 하지만 신성 로마 제국의 황제라도 별 영양가 없는 빛 좋은 개살구였습니다.

종교개혁 〉 30년 전쟁

오토 1세가 죽고 그나마 중앙집권적이었던 나라는 또 여러 개로 갈라지게 됩니다. 1300년경에는 300여 개의 나라가 생겨납니다. 옆 나라 프랑스만 하더라도 왕이 다스리는 중앙집권적 국가였는데, 독일은 수백 개의 작은 나라로 쪼개져 있는 상태였으니 얼마나 국력이 약했을까요.

1517년 루터라는 유명하신 신부님께서 종교개혁을 하십니다. '루터(1483년~1546년)'는 1483년생으로 우리나라로 치면 '조광조(1482년~1520년)'와 비슷한 시대에 태어났어요. 정확하게 따지면 조광조가 1살 형입니다. 루터가 종교개혁을 했을 때가 1517년인데 이때 우리나라는 조선 중종 12년 때였습니다. 조광조가 한창 개혁을 일으켰을 때 독일에서는 루터가 종교개혁을 했던 것입니다.

1525년 독일 땅에 프로이센(프러시아)라는 공국이 탄생합니다. 이건 뒤에서 다시 얘기할게요.

종교개혁이 일어나고 약 100년 후인, 1618년 30년 전쟁이라는 유명한 전쟁이 터집니다. 1618년부터 1648년까지 딱 **30년 동안 벌어진 전쟁이었습니다. 표면적으로야 신교와 구교의 싸움**이지만, 각 나라의 이권다툼도 끼어 벌어진 전쟁이었습니다. 루터의 종교개혁으로 신교가 탄생하면서 신교를 따르는 나라들이 생겨났습니다.

스웨덴, 덴마크, 영국, 도이칠란트의 여러 나라, 또한 기존의 구교를 따르는 나라들이 있었습니다. 대표적으로 프랑스, 오스트리아, 에스파냐, 포르투갈, 도이칠란트의 여러 나라였습니다. 독일 땅에서 신교파와 구교파가 싸움이 났고, 오스트리아는 구교파를 밀었고, 구교를 믿으면서도 경쟁국인 오스트리아가 싫어 프랑스는 신교파 편을 든 전쟁이 30년 전쟁이었던 것입니다.

결론적으로 독일 땅에서 전쟁이 30년간 치열하게 벌어져 독일 땅은 초토화되었다는 점입니다. 전쟁에서 프랑스의 지원을 받은 **신교파가 승리하여** 베스트팔렌 조약이 성립되어 스위스 독립, 네덜란드 독립이 되었고, 독일은 350여 개의 연방 국가의 주권을 인정해 주었습니다. 즉, 독일은 350여 개의 조그만 나라들이 확실하게 굳어지게 되었다는 의미입니다. 즉, 독일은 계속 힘이 약한 나라가 되었다는 뜻입니다. 참고로 우리나라의 병자호란은 1636년에 벌어집니다. 유럽의 30년 전쟁 중 우리나라에서는 병자호란이 있었던 거예요.

프로이센의 성장 〉 첫 통일 〉 도이치란트 개명

350개의 조그만 나라로 쪼개져 있는 독일 땅에 프로이센이라는 공국이 성장하기 시작했습니다. 프로이센은 독일어로 '프로이센'이고, 영어로 말하면 '프러시아'입니다. 프로이센 공국은 종교개혁이 1517년에 일어난 뒤 몇 년 후인 1525년에 탄생했고, 착실히 힘을 길렀습니다. 그리고 주변국들을 항복시켜 나갔어요. **독일 땅 북부에는 프로이센이 성장했고, 남부는 오스트리아가 접수하고 있었습니다.** 프로이센의 왕 프리드리히 1세는 국력을 신장시켜 프로이센 공국을 왕국으로 1709년에 선포합니다.

1789년에 프랑스에서 대혁명이 일어났습니다.

1806년 나폴레옹이 독일 땅을 쳐들어와서 신성 로마 제국을 멸망시킵니다.

그리고 세월이 약 60여 년 흘러, 그동안 힘을 길렀던 프로이센과 프랑스가 한판 붙게 됩니다.

1870년 프랑스와 프로이센(프러시아)가 싸워, 프로이센이 승리를 거둡니다. 프랑스 하면 그전부터 최고의 강대국이었습니다. 이런 강대국을 프로이센이라는 어디 듣도 보도 못한 나라가 이겨버린 것이죠. 프랑스를 이겼다는 뜻은 무엇인가요? 유럽의 최강대국이 되었다는 의미였습니다.

1871년은 정말 독일 역사상 가장 의미 있는 날입니다. 프로이센이라는 이름을 도이치란트로 바꿨고, 독일 역사상 처음으로 통일을 한 해이기 때문입니다. 참고로 이탈리아는 1870년에 첫 통일을 했죠. 당시 프로이센의 수상은 키 190cm의 철혈재상 '비스마르크(1815년~1898년)'였습니다. 당시 프로이센의 왕은 빌헬름 1세였습니다. 빌헬름 1세의 지원 아래 재상 비스마르크는 독일을 통일해버린 것이었죠. 사실 빌헬름 1세는 황제가 되기 싫었습니다. 그저 프로이센의 왕으로 만족하며 살고 싶었죠. 그러나 철혈재상 비스마르크의 강권에 황제가 되었습니다. "왕이시여, 독일을 통일하고 황제가 되셔서 강력한 독일을 만드소서."라고 아마도 말했을 겁니다.

제1차, 2차 세계대전 〉 재통일 〉 EU

세계 최강 프랑스를 이겨버린 프로이센 아니 이젠 도이칠란트. 그때가 1871년이었습니다. 독일은 후발주자였습니다. 그동안 수백 개의 나라로 쪼개져 있는 중앙집권적이지 못한 부스러기 같은 존재인 후진국이었죠. 카이사르도 거들떠보지 않던 독일 땅의 프로이센이었습니다. 그런 후진국이 나라를 통일하고, 프랑스를 이겨버린 것입니다. 누가요? 철혈재상 비스마르크에 의해! 그러니 비스마르크는 독일 사람들에게 자랑거리가 되었습니다. 후발주자 독일이 프랑스를 접수하자 이젠 자신들도 식민지를 건설하고 싶어졌습니다. 그런데 식민지가 없었어요. 이미 영국, 프랑스 등이 벌써 다 차지하고 있었던 것이었죠. "이를 어쩐다? 나도 식민지를 갖고 싶다고! 나 프랑스 이긴 독일이라고!"

어쩌긴 어쩌겠어요. 뺏으면 되죠. 1914년 제1차 세계대전을 터뜨립니다. 그러나 4년 후 1918년 11월 11일 항복합니다. 나라가 전쟁에서 지면 국민이 힘들어지겠죠. 프랑스는 1870년에 진 것에 대해 철저하게 복수를 합니다.

그리고, 1919년 바이마르 공화국(최초)이 수립됩니다.

1929년 세계경제공황이 발생합니다.

독일은 그래도 저력이 있는 나라였어요. 패망 후 국민은 정말 힘들게 살게 되었습니다. 배를 곯았고, 잘 살고 싶었습니다. '비스마르크가 이끌던 시대가 좋았지' 하며 그때를 그리워했습니다.

그런데 지금은 너무도 힘든 나날이었죠. 고단했고, 배고팠습니다. 그러던 중 나타났던 사람이 아돌프 히틀러였습니다.

1933년 아돌프 히틀러는 정권을 잡았습니다. 독일 국민을 선동하기 시작했습니다. "우리도 다시 잘 살 수 있다. 게르만 민족의 우수성을 보여주자! 나를 따르라! 내가 해결해 주겠다!"

1934년 나치 독일이 선포되었습니다. 히틀러의 선동으로 국민이 들썩이기 시작했습니다.

결국, 1939년 9월 1일 제2차 세계대전을 터뜨렸고, 승승장구하다가 미국의 참전으로 급속히 전세가 급속히 기울기 시작했습니다.

1945년 5월 7일 항복합니다. 두 번 전쟁에서 지게 됩니다. 패망의 결과로 독일은 서독과 동독으로 갈리게 되었습니다. 서독은 프랑스, 영국, 미국의 소유로 동독은 러시아의 소유로 넘어가게 되었습니다.

▲ 제2차 세계대전

1918년 패망, 1945년 또 패망. 완전 쑥대밭이 된 독일이었습니다. 이런 독일이 어떻게 2022년 기준으로 경제대국 4위에 오를 수 있었을까요? 신기하지 않나요?

러시아는 제1차 세계대전 중에 1917년 공산당 혁명이 일어났습니다. 최초의 공산국가가 되었고, 공산주의를 주변국으로 전파하기 시작했어요. 동쪽 독일을 손에 넣은 러시아는 동독을 공산화시켰고, 주변 여러 나라를 공산화시켰습니다. 이게 미국은 싫었습니다. 미국은 자본주의였으니까요. 러시아의 공산주의를 막아야 했습니다. 제2차 대전으로 할당받은 서쪽 독일만큼은 공산주의로부터 지켜내고 싶었죠. 그래서 서독에 무제한 원조가 시작됩니다. "배고프지 않으면 공산주의에 빠지지 않는다. 잘 먹고, 잘 살게 해주면 공산주의는 침투하지 못한다."라는 미국의 생각이었습니다. 미국은 서독에 엄청난 경제원조를 시작했습니다. 이거 어디서 본 거 같지 않은가요? 한반도가 공산화될 것이 두려워, 패망한 일본에 경제원조를 해준 거 기억하시죠? 일본은 이 덕에 엄청나게 발전하여 현재 제3위의 경제대국으로 성장할 수 있었던 것입니다. 그런데 따지고 보면 우리나라도 마찬가지입니다. 남북으로 분단되어 남한에 미국의 경제원조가 이루어지면서 우리나라 경제도 급속도로 발전했으니까요. 미국의 힘인가 봅니다.

독일도 마찬가지였어요. 서독에 대한 무제한 원조에다가 원래 독일의 기술력이 더해지고, 고분고분한 국민성과 능력 있는 지도자가 더해지자 독일의 경제는 승승장구 성장하게 되었습니다. 일본의 경제성장과 너무도 흡사하지 않은가요? 결국, 서독은 경제대국이 되었고, 동독에서는 민주화에 대한 열망이 가득했습니다. 그들도 잘 살고 싶었던 거죠.

▲ 베를린 장벽

1989년 베를린 장벽이 무너지면서 독일은 재통일하게 되었습니다. 부자 서독이 가난한 동독을 흡수한 것이었죠. 당시 경제력의 차이는 서독이 동독보다 9배나 컸습니다. 이렇게 경제력의 차이가 나는데, 서독 마르크와 동독 마르크를 1대 1로 교환해 주었어요. 이로 인해 동독에 사는 국민은 환호를 불렀고, 동독의 기업은 엄청난 임금 상승으로 파산하게 되었습니다. 참고로, 1989년 일본의 경제 버블도 꺼져지면서 경제 침체기로 빠지게 됩니다. 공교롭게도 독일의 베를린 장벽 붕괴, 일본 버블 경제 붕괴가 1989년에 겹치네요.

1993년 독일은 유럽연합(EU)의 중추적인 나라가 되었습니다. 아직도 세계 선도 국가의 반열에 서서 전 분야 걸쳐 활약하고 있는 독일입니다.

5

영국
– 프랑스의 영원한 라이벌

연합왕국

영국의 정식 명칭은 The United Kingdom of the Great Britain and Northern Ireland입니다. 우리말로 '대브리튼 연합왕국과 북아일랜드'입니다. 이름 참 길죠? 그도 그럴 것이 4개의 나라가 합해져서 만들어졌기 때문입니다. 잉글랜드, 스코틀랜드, 웨일스, 북아일랜드로 구성되어 있는 연합왕국이에요. 각 나라는 자치권을 보장받고 있습니다.

웨일스는 헨리 8세 때 잉글랜드에 의해 영국으로 합병되었고, 스코틀랜드는 1707년 앤 여왕 때 합병되었습니다. 북아일랜드는 헨리 2세 때 아일랜드의 첫 침략을 시작으로 1534년 헨리 8세 때 대대적 침략을 당했고, 헨리 8세는 성공회 교인들을 북아일랜드로 보냈습니다. 그 후로 아일랜드는 신교와 구교 간의 내전을 겪으며(지금도 진행 중이지만) 남아일랜드는 1921년에 독립을 했고, 북아일랜드는 계속 잉글랜드에 귀속되어 있습니다.

켈트족 〉 로마 〉 앵글로색슨족 〉 바이킹족

옛 영국 땅에 처음으로 넘어온 민족은 켈트족이었습니다. 그때가 BC4세기였어요. 그렇게 야만스럽게 살아오다가 문명을 전달받습니다. 그들에게 문명을 선사해 준 사람이 누굴까요? 유럽 초기는 무조건 '카이사르(BC100년~BC44년)'입니다. BC55년 카이사르가 영국 땅을 손에 넣게 되면서 문명을 전달받습니다.

여담으로, 재미있는 사실은 켈트족이 터키 중부 아나톨리아 대평원에서 이주했다는 결과가 2010년에 영국 레스터 대학교 마크 조블링 교수팀에 의해 발표됩니다. 유럽 대륙에 거주하는 1억 명이 넘는 남성이 보유한 독특한 Y 염색체가 현재 터키인의 것과 거의 일치했다고 합니다. 즉, 현재 영국의 먼 옛날 조상은 터키인 이라는 얘기입니다.

훈족에 밀려 서쪽으로 도망 온 게르만 민족의 대이동으로 476 년 서로마 제국이 멸망하게 되었다고 계속 말씀드렸습니다. 영국 땅에 있던 로마군들은 철수했고, 그 공백을 앵글로색슨족이 매 웠어요. 앵글로색슨족은 평야지대를 차지하였고, 켈트족은 스코 틀랜드, 웨일스, 아일랜드로 도망쳤습니다.

700년 영국 땅에 살아가고 있는 민족들은 모두 그리스도교를 받아들입니다.

783년부터 793년간 바이킹족(덴마크인)이 침입하기 시작했고, 몇몇 작은 나라로 쪼개져 있던 앵글로색슨족은 단결하였습니다. 이때 등장한 인물이 '알프레드 대왕(849년~899년)'입니다. 그는 앵 글로색슨족의 첫 통일 국가를 만들었습니다. 그는 쳐들어온 덴마 크인과 화평하게 같이 살자고 제안했습니다.

크누드

시간이 흘러 화평하게 지냈던 덴마크와 일전을 벌이게 됩니다. 덴마크 왕의 동생인 크누드가 영국을 침략했습니다. 그리고 1014년 영국의 왕이 되었습니다. 덴마크인이 영국의 왕이 된 것입니다. 1018년 크누드는 형이 죽자 덴마크 왕도 겸직하게 됩니다. 1028년엔 노르웨이 왕까지도 겸직하게 됩니다. 북쪽 스코틀랜드와도 화평하게 지냈습니다. 결국, 1030년 스칸디나비아 제국을 건설했습니다. 그러나 1035년 그가 죽자 다시 각 나라는 분열합니다.

정복왕 윌리엄 1세

911년 프랑스 땅에 바이킹족이 정착하게 됩니다. 땅 이름은 노르망디 공국. 프랑스가 하도 바이킹들이 설치니까 땅을 조금 내주고 그냥 거기에 살라고 하였습니다. 911년부터 바이킹족(노르만족)은 프랑스에 살면서 점점 프랑스인이 되어갔습니다. 노르망디 공국이 생기고 약 100년 후 노르망디 공 윌리엄이란 자가 1066년 영국을 침략합니다. 영국 왕이 되었고, 그가 바로 **정복왕 '윌리엄 1세**(1028년~1087년)**'입니다.** 굉장히 섞이고 뒤섞이는 역사라고 할 수 있습니다.

이게 무슨 뜻일까요? 노르망디 공국은 바이킹족이 와서 살았지만, 그들은 점점 프랑스인이 되었고, 곧 영국이 프랑스에 먹혔다는 의미입니다. 노르망디 공국의 언어는 프랑스어였고, 윌리엄 1세도 영국 궁중에서는 프랑스어를 사용했습니다. 노르망디 공은 프랑스 왕의 신하였습니다. 곧 영국은 프랑스의 신하국이라는 의미가 성립합니다. 영국이 언제부터 프랑스의 신하국이었는가요? 1066년입니다. 자존심이 많이 상했을 겁니다. 나중에 '백년전쟁(1337년~1453년)'의 화근이 되죠.

헨리 1세

정복왕 윌리엄 1세의 막내아들 헨리 1세는 형들과의 권력 다툼을 벌여 왕에 오릅니다. 그러나 그는 아들이 없었습니다. 과부가 된 딸 마틸다를 왕위 계승자로 정했어요. 마틸다는 프랑스 앙주 백작과 결혼을 하였습니다. 프랑스 앙주 지역은 영국에 속하게 됩니다.

헨리 2세

마틸다와 앙주 백작과의 사이에서 태어난 헨리 2세가 왕이 되었습니다. 그는 프랑스의 루이 7세의 부인 엘레노아와 사랑에 빠집니다. 엘레노아는 루이 7세와 이혼을 하고, 10살 차이 나는 헨리 2세와 결혼하게 되었습니다. 결혼하면서 자신의 소유로 된 남부 프랑스 땅을 가져오게 되어 신하국인 영국의 땅이 프랑스보다 더 넓어지는 결과를 가져왔습니다. 결혼할 당시 헨리 2세는 19세, 엘레노아는 29세였어요. 헨리 2세는 영국의 존경받는 왕이었고, 평화시대를 이끌었습니다.

사자왕 리처드 1세

하지만 헨리 2세의 말년은 불운했습니다. 3남 리처드가 반란을 일으켰던 것입니다. 헨리 2세는 막내 존을 좋아했습니다. 그게 불만이었어요. 리처드는 아버지를 제거하고 1189년 왕이 됩니다. 그가 바로 사자왕 리처드 1세입니다. 사자왕 리처드 1세는 '십자군 전쟁(1096년~1272년)'에 직접 참전할 정도의 호방한 왕이었죠. 아랍의 영웅 살라딘과 싸운 왕이 사자왕 리처드 1세입니다. 1199년 전장에서 화살을 맞고 죽습니다.

못난 왕 존

리처드 1세가 죽자 동생 존이 1199년 왕이 되었습니다. 존 왕은 비겁하고 잔인했고, 권모술수적이라 백성들과 귀족들에게 신임을 얻지 못했습니다. 1204년에 노르망디를 프랑스에 빼앗겼고, 1206년엔 남부 프랑스 땅도 프랑스에 빼앗겼습니다. 영국 역사상 처음으로 신하들이 그에게 대들기도 했어요. 1215년 대헌장(마그나 카르타)에 서명했습니다. 이는 무엇을 뜻할까요? 왕권이 무너졌다는 의미입니다. 반대로 국민, 대신, 국민대표의 권력이 높아졌다는 의미였죠. 존 왕은 1216년 죽습니다.

헨리 3세

존 왕이 죽고 헨리 3세가 즉위했습니다. 헨리 3세는 존의 맏아들이었어요. 9살의 나이로 왕에 등극하였습니다. 그러나 크면서 프랑스 공주와 결혼을 했고, 교황과 친밀한 관계를 맺어 권력을 잡았습니다. 그런데 반란이 일어났어요. 누굴까요? 처남이었어요. **시몽드 몽프르. 그는 의회주의를 주장했고, 1265년 역사상 처음으로 의회가 개회되었습니다.** 귀족뿐만 아니라 농장주, 상인의 평민 계급도 참가하였습니다. 영국의 일에 처남인, 그것도 프랑스인이 간섭했던 것입니다. 1341년 의회는 상원과 하원으로 나뉘게 됩니다.

에드워드 1세

헨리 3세의 조카인 '에드워드 1세(1239년~1307년)'가 왕위에 올랐습니다. 몽포르와 전쟁을 벌여 몽포르는 전사를 했고, 전쟁에 이겨 집권하게 되었습니다. 1272년에 왕에 등극합니다. 막강한 왕권을 과시했어요. 영화 『브레이브 하트』에서 주인공 윌리엄 월레스가 자유를 외치면서 죽어갔을 때 영국 왕이 바로 에드워드 1세였습니다. 윌리엄 월레스는 스코틀랜드의 독립을 위해 싸웠던 사람이었습니다.

백년전쟁(1337년~1453년)

백년전쟁은 영국과 프랑스 간의 전쟁입니다. 1337년이면 에드워드 3세 때인데, 그게 뭐 그렇게 중요한 건 아니니 넘어가겠습니다. 가뜩이나 복잡하니까 그냥 넘어가셔도 됩니다. 그저 흐름만 쭉 따라오세요.

백년전쟁이 터진 이유에 대해 살펴볼까요? 여러 가지 이유가 있지만, 영국은 과거부터 프랑스의 신하국으로 존재했었어요. 구체적으로 말하면, 정복왕 윌리엄 1세 때부터 그 꼴을 당했던 것입니다. 얼마나 열받았을까요. 당연히 전쟁이 시작됩니다.

전쟁 내내 영국이 계속 승리를 하였습니다. 인구 300만의 영국이 인구 1000만의 프랑스를 상대로 계속된 승리를 일구어냈던 것이었죠. 영국은 신무기인 석궁을 이용하여 기사들의 갑옷을 뚫을 수 있었고, 그로 인해 승승장구했던 것이었습니다. 그러나 최후의 승리는 프랑스가 했어요. 그 유명한 잔 다르크가 등장했기 때문이었죠. 영국은 백년전쟁에서 지면서 프랑스의 영국 땅을 모조리 잃게 되었습니다. 참고로 1392년에 조선이 개국했고, 1453년엔 단종 원년입니다. 고로 백년전쟁은 고려 말부터 단종 원년까지 이러진 영국-프랑스 간의 전쟁이었습니다.

장미전쟁(1455년~1485년)

백년전쟁이 끝나고 영국의 사회는 혼란스러웠습니다. 전쟁에서 졌으니 오죽했겠죠? 귀족 간의 전쟁인 장미전쟁이 시작됩니다.

요크 가문과 랭카스터 가문의 귀족 간의 전쟁입니다. 30년간 귀족 간에 전쟁이 벌어지게 되니 귀족의 수가 대대적으로 줄어들었어요. 이는 무엇을 뜻할까요? 반대로 **왕권이 강화되었다는 뜻입니다.** 장미전쟁에서는 랭카스터 가문의 헨리 튜더가 이겨 헨리 7세가 1485년 왕으로 등극하게 됩니다.

헨리 8세

헨리 7세부터 왕권이 강력해졌습니다. 귀족이 죽고 없으니 왕권이 당연히 강해질 수밖에 없었죠. 헨리 7세부터 절대군주의 시대입니다.

1509년 '헨리 8세(1509년~1547년)'가 왕에 등극하게 되었습니다. 헨리 8세에게는 부인이 총 6명이었어요.

부인 1. 형의 아내, 형이 죽고 정략적으로 그녀와 결혼했습니다. 그녀는 에스파냐 왕의 딸 캐서린 공주였거든요. 둘 사이에 딸 메리를 두었습니다. 이 메리가 나중에 **'피의 메리'의 그 메리 여왕**입니다.

부인 2. 시녀 앤 불린과 1533년에 결혼, 캐서린과 이혼을 하겠다고 하니 교황이 반대했습니다. 이에 헨리 8세는 1534년에 영국만의 기독교, 성공회를 만들었습니다. 그리고 반성공회 교인을 탄압했어요. **앤 불린과의 사이에서 딸 엘리자베스를 두게 됩니다. 이 딸이 나중에 엘리자베스 1세 여왕입니다.** 앤 불린은 아들을 낳지 못하였다고 하여 처형당해 죽습니다.

부인 3. 제인 시모어, 아들 에드워드를 낳고 죽습니다.

부인 4. 독일 앤 공주, 이혼합니다.

부인 5. 캐서린 하워드, 품행이 단정치 못하여 사형시킵니다.

부인 6. (특기사항 없음.)

이렇듯 헨리 8세는 영국 왕 중에 가장 인기(?)가 좋을 정도로 많은 이야깃거리로 가득 찬 왕이었습니다. 1547년 헨리 8세가 죽자 아들 에드워드가 왕에 오릅니다. 헨리 8세 원년일 때 조선은 중종 4년이었습니다. 헨리 8세가 죽었을 때 조선은 명종 2년이었고요.

에드워드 6세

헨리가 죽자 그의 아들 에드워드가 왕위에 오릅니다. 그러나 병

약하여 일찍 죽었어요.

메리 여왕

에드워드 6세가 병으로 1553년에 죽자, 헨리 8세의 첫딸 메리가 왕에 오릅니다. 그녀의 어머니는 프랑스 공주였어요. 프랑스는 가톨릭 나라, 그녀도 가톨릭이었습니다. 그래서 그녀는 반가톨릭 세력을 탄압했습니다. 엄청나게 죽였습니다. 그래서 피의 메리라는 별명이 붙게 된 것입니다. 그녀는 1558년 죽습니다.

엘리자베스 1세 여왕

메리가 죽고 그녀의 이복 여동생인 엘리자베스가 왕에 오릅니다. 그녀는 아버지를 따라 성공회 교도였어요. 그러니 반성공회에 대해서 강력하게 탄압하였습니다. 엄청 죽였어요. 하지만 엘리자베스는 나라를 잘 다스렸습니다. 검소했고, 성실하여 영국의 국력을 높였습니다. 그로 인해 국민적으로도 존경을 받은 여왕이었습니다. 엘리자베스 1세 때를 일컬어 영국의 황금시대라 말합니다. 에스파냐의 무적함대를 꺾고 해상권을 장악했거든요. 영국

의 대포로 에스파냐 무적함대를 무찌를 수 있었습니다. 1600년
엔 동인도 회사를 건설하여 식민지 사업에 뛰어들었고, 세계 개
척에 나서게 되었습니다. 아메리카 신대륙에 첫발을 내딛기도 했
죠. 경제, 문화적으로 전성기였으며 이 시대에 윌리엄 셰익스피
어가 활동했습니다. 그녀는 후사를 두지 않고 처녀로 1603년 죽
게 됩니다. '나는 영국과 결혼했다.'라는 유명한 말을 남겼습니다.

그녀가 영국에 집권할 때 조선은 1592년부터 1599년까지 임진
왜란으로 고통받고 있던 시기였습니다.

▲ 엘리자베스 1세

제임스 1세

1603년 엘리자베스 1세가 후사 없이 죽자, 유언대로 스코틀랜드의 왕 제임스 6세가 영국 왕이 되었습니다. 영국 왕이 될 때는 제임스 1세로 등극하였어요. 그는 청교도를 탄압했습니다. 그리하여 1620년 메이플라워호를 타고 아메리카로 청교도들이 망명을 떠났고, 이들이 미국의 씨앗이 되었던 것입니다. 의회는 대부분 청교도라 의회와 사이가 좋지 않았습니다.

또한, 가톨릭교도들이 제임스 1세를 암살하고자 도모했으나 걸렸습니다. 이로 인해 제임스 1세는 가톨릭도 탄압하게 됩니다. 제임스 1세는 전왕 엘리자베스 1세처럼 검소하지 않았어요. 흥청망청. 그러니 돈이 부족했습니다. 1618년부터 1648년까지 독일에서 30년 전쟁이 벌어졌고, 참전하고 싶었으나 돈이 없어 의회를 열기도 하였습니다. 의회를 통해 세금을 징수하고자 했던 것입니다. 1625년 사망하였습니다.

찰스 1세

제임스 1세가 죽자 아들 찰스 1세가 왕이 되었습니다. 찰스 1세도 의회에 사이가 좋지 않았습니다. 1628년 권리청원이 일어났고, 스코틀랜드도 쳐들어오게 되었습니다. 청교도혁명이 1642년부터 1651년까지 일어났고, 그로 인해 '올리버 크롬웰(1599년~1658년)'이 집권하였습니다. 1649년 처형당했으며 공화국으로 돌아서게 되었습니다. 찰스 1세는 처형당한 왕입니다. 1789년 프랑스 혁명으로 루이 16세가 1793년에 처형당한 것보다 약 150년 빨랐습니다.

올리버 크롬웰

1649년 찰스 1세가 처형당하고, 왕정이 잠시 끊겼습니다. 올리버 크롬웰이 정권을 잡았습니다. 그는 독재를 펼쳤고, 의회까지 해산시키고, 호국경의 자리에 올랐습니다. 그는 철저한 청교도식 독재를 하여 국민이 참 힘들어했습니다. 공화정 대에 『실낙원』의 저자 존 밀턴이 활약했습니다. 크롬웰이 죽고, 아들이 호국경이 되었으나 왕정복고파에 의해 찰스 1세의 아들 찰스 2세가 왕위에 오릅니다.

찰스 2세

찰스 2세는 왕당파의 도움으로 왕위에 오릅니다. 독재를 펼쳤습니다. 그러나 후사가 없었어요. 그래서 동생 제임스 2세를 둘러싸고 왕의 후임으로 찬성과 반대로 나뉘게 되었습니다. 제임스 2세는 가톨릭교도였고요.

제임스 2세

결국, 제임스 2세가 왕위에 올랐습니다. 그도 독재를 펼쳤습니다. 그러자 의회에서 네덜란드로 시집간 메리를 왕으로 모시고자 했습니다. 1688년 정식으로 초청장을 보냈고, 윌리엄과 메리 부부는 무혈로 런던에 입성하게 됩니다. 이게 바로 명예혁명입니다.

메리 여왕, 윌리엄 3세

메리 여왕은 남편과 함께 공동으로 왕위에 올랐습니다. 남편이 윌리엄 3세가 되었습니다. 윌리엄 3세는 의회의 권리청원을 받아들여줬고, 1689년 권리장전이 채택되었습니다. 쉽게 말해 의회의 권한이 커진 것이었죠. 그러나 이 둘도 후사가 없었습니다.

앤 여왕

메리 여왕의 여동생인 앤 여왕이 왕에 올랐습니다. 1707년 스코틀랜드와 잉글랜드가 합쳐져 정식 대브리튼 왕국이 탄생하게 되었습니다. 1714년 앤 여왕도 후사를 두지 않고 사망하였습니다.

조지 1세

후사가 없으니, 여기저기 찾아봤어요. 그래서 찾아낸 것이 도이치란트 하노버에 살고 있는 조지 1세를 왕으로 삼았습니다. 그때가 1714년이었습니다. 그는 영어를 못했고, 국정운영에도 관심이 없었어요. 의회에 힘이 더욱 실리기 시작했습니다.

빅토리아 여왕

세월이 흘러 1837년 빅토리아 여왕이 등극하였습니다. **빅토리아 여왕 대에 영국은 최대 식민지를 보유하였고, 영국 역사상 가장 최고의 전성기였습니다.** 그녀의 재위 기간은 1837년부터 1901년이었습니다. 빅토리아 여왕 이후로 서서히 영국의 힘이 빠지게 됩니다. 엘리자베스 1세 때에 국력이 성장하기 시작하여 빅토리아 여왕 대에 최고 전성기를 구가하게 되었습니다.

영국은 1900년을 기점으로 찬란했던 영광을 뒤로하면서 세계 대전을 통해 급상승한 미국에 대권을 넘겨주게 됩니다. 미국은 1776년 영국으로부터 독립하여 사방에 적이 없는 넓은 땅을 기반으로 경제력과 국방력을 착실히 기르게 됩니다. 영국이 사용했던 영어를 그대로 쓰면서 손쉽게 영국의 기득권을 이어받아 세계 1위의 강국이 됩니다.

역사 지식

영국의 '권리장전'에 의해 미국이 총기 소유 가능

'제임스 2세(1633년~1701년)'가 독재를 펼쳤다고 했습니다. 이에 의회는 폭정에 항거하여 그를 폐위시켰어요. 이것이 바로 '명예혁명(1688년~1689년)'이라고 앞서 배웠습니다.

당시 혁명을 주도했던 영국 의회는 절대왕정에 대해 스스로 지킬 힘이 필요함을 절감했습니다. 또 다른 절대군주가 나오면 또다시 독재로 인해 폭정에 휘둘릴 테니까요.

그래서 1689년 '권리장전'을 주장합니다('총기장전' 아닙니다.^^).
자기방어를 위해 무장할 수 있는 권리를 법으로 딱 만들어 놓은 겁니다.

이로 인해 먼저 아메리카 대륙으로 이민을 떠난 청교도인들도 총기를 허용하게 됩니다. 이들은 야생동물, 원주민과의 싸움에서 합법적으로 총을 사용했고 그 후로도 계속 총기를 사용하여 지금의 미국에 이르게 되었습니다.

이로 인해 미국에서는 매일 80명씩 총으로 목숨을 잃고 있습니다.

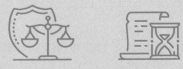

세계사 연표

BC3500년
메소포타미아 문명 시작

BC3000년
이집트 문명 시작

BC2500년
인더스, 중국 문명 시작

BC753년
로마 건국

BC563?년
석가모니 탄생

BC551년
공자 탄생

BC492년
페르시아 전쟁

BC469?년
소크라테스 탄생

BC431년
펠로폰네소스 전쟁

BC264년
포에니 전쟁

BC49년
카이사르 루비콘강을 건넘

BC0년
예수 탄생

313년
로마 기독교 공인

375년
게르만족 대이동

395년
동로마 서로마로 분열

476년
서로마 멸망, 중세 시작

486년
프랑크 왕국 건국

771년
샤를마뉴 프랑크 왕국 통일

962년
오토 1세 신성 로마 제국 황제 즉위

1096년
십자군 원정 시작

1206년
칭기즈 칸 몽골 통일

1346년
흑사병 창궐

1450년
구텐베르크 활판 인쇄술 발명

1453년
동로마 멸망

1517년
루터 종교개혁

1536년
칼뱅 종교개혁

1776년
미국 독립 선언

1789년
프랑스 혁명

1804년
나폴레옹 황제 즉위

1846년
마취제 발견

1861년
미국 남북전쟁

1868년
일본 메이지 유신

1871년
독일(프로이센) 통일

1914년
제1차 세계대전

1917년
러시아 공산당 혁명

1922년
소련 수립

1928년
항생제(페니실린) 발견

1929년
세계 대공황

1939년
제2차 세계대전

1967년
중국 문화대혁명

1988년
서울올림픽

1989년
베를린 장벽 붕괴, 일본 버블 경제 붕괴

2002년
한일 월드컵

찾아보기

세계사의 흐름을 잡아주는 가볍게 읽는 세계사

세계사의
흐　　름　을
잡　아　주　는
가볍게 읽는
세　계　사